G-TELP 대비
기출문제 수록!

G-TELP KOREA 문제 제공

지텔프
기출 문법

Level 2

 **BM** (주)도서출판 **성안당**

[지텔프 기출 문법 Level 2]를 내면서

도서출판 성안당에서 지텔프 코리아가 제공한 G-TELP Level 2 최신 기출 문법 문제를 반영한 **[지텔프 기출 문법 Level 2]**를 출간하였습니다. 반세기 동안 수험서 출간을 선도해온 성안당에서 특유의 노하우와 진심을 담아, 지텔프 문법의 최신 출제 경향에 맞춘 핵심 문법 내용과 기출문제를 총정리하여 지텔프 문법 시험에 완벽하게 대비하고 단기간에 목표 점수를 성취하도록 돕고자 합니다.

지텔프 최신 기출 문법 문제를 수록한 문법 기본서!

[지텔프 기출 문법 Level 2]는 미국 지텔프 출제 기관으로부터 최신의 기출문제 7회분을 제공받아 교재에 수록한 기출 문법 기본서입니다. 수험생들이 지텔프 최신 경향을 반영한 문법의 핵심 내용을 빠르게 정리하고 최신 기출문제로 실전처럼 연습하여 학습 효과를 극대화하도록 출제 비중이 높은 문법 영역 순서대로 구성하였습니다.

본 교재 한 권으로 G-TELP Level 2 문법 완벽 대비!

지텔프 시험에서 단기간에 점수를 내기 위해서는 문법 영역에서 고득점을 확보하는 것이 필수입니다. 본 교재에서는 수험생들이 신속하고 정확하게 문제를 풀 수 있는 역량을 기를 수 있도록 문법의 핵심 설명과 예문, 문법 문제에 접근하는 전략을 담은 만점 포인트, 최신 기출 연습 문제, 정답의 단서를 제공하는 문법 공식을 제공하고 있습니다. 본 교재 한 권으로 지텔프 문법 영역을 완벽하게 대비하고 목표 점수를 성취할 수 있습니다.

유형별 만점 전략과 문법 공식을 정리한 문법 만점 공식 노트 제공!

본 문법 교재는 최신 출제 경향에 맞추어 문법의 영역별 주요 내용을 예문과 함께 충실하게 정리하였고 실전 감각을 높이기 위해 실제 G-TELP Level 2 시험인 기출문제들로 연습 문제를 구성하였습니다. 또한, 문법 문제 유형별 만점 전략을 따로 제시하여 정답에 빠르게 접근하는 노하우를 알려드립니다. 특히 시험을 치르기 10분 전에 빠르게 문법 공식을 훑어볼 수 있도록 필수 공식을 정리한 만점 공식 노트를 제공합니다.

[지텔프 기출 문법 Level 2]를 통해 영어 실력 향상과 함께 목표 점수를 확보하여 학업과 취업에서 좋은 성과를 이루길 진심으로 응원합니다.

성안당 지텔프 연구소

목차

Chapter 1

시제

Chapter 2

가정법

Chapter 3

준동사

이 책의 구성과 특징

09 Travis couldn't agree to a job interview because he had promised to watch his
기출 3회 son's baseball game on the same date. He called the HR head to request that his
interview _____ to a later day.

(a) be moved (b) will be moved
(c) has been moved (d) is moved

10 Government officials enjoy special privileges that ordinary citizens do not. Because
기출 4회 of this, many people believe it necessary that government officials _____ to a
higher standard of behavior.

(a) have been held (b) be held
(c) will be held (d) were held

11 The travel agency wasn't able to find us a good deal for our trip during the
기출 4회 Christmas holidays. The agent recommended that we _____ our trip until
after the peak season ends.

(a) postponed (b) are postponing

1 G-TELP 기출 문제
7회분 수록

New 유형 if절에서 if가 생략되고 주어와 조동사가 도치된 문장이 있는 경우

(1) if절 동사가 일반동사인 경우: 주어와 did를 도치

If I knew her address, I **could send** her a basket of flowers.

➡ **Did I know** her address, I **could send** her a basket of flowers.
내가 그녀의 주소를 안다면, 그녀에게 꽃바구니를 보낼 텐데.

If the professor knew what the students are doing right now, he **would
get** upset for their lack of dedication.

➡ **Did the professor know** what the students are doing right now, he
would get upset for their lack of dedication.
그 교수가 학생들이 무엇을 하고 있는지 안다면, 그는 그들이 열심히 하지 않은 것에 화가 날 것이다.

(2) if절의 동사가 be동사 were인 경우 주어와 were를 도치

If I **were to** host the company's Christmas party, I **would** definitely
include Eggnog and gift exchange.

➡ **Were I to** host the company's Christmas party, I **would** definitely

2 문법 유형별로
새로운 출제 경향
분석

Check

Most of the world is changing rapidly. But North
American Indian leaders do not want to give up
traditions and their old ways. These native people
of Canada, the United States, and Mexico want
to teach their children the old ways, their history,
and their culture. _____, they keep the
stories, the religion, and traditions alive.

(a) In fact (b) Otherwise
(c) Therefore (d) And

세계의 대부분은 빠르게 변하고 있다. 그
러나 북미 인디언 지도자들은 전통과 자
신들의 오래된 방식을 포기하고 싶어하
지 않는다 캐나다, 미국, 멕시코의 원주민
들은 그들의 아이들에게 옛날 방식, 역사,
문화를 가르치를 원한다. 그러므로, 그
들은 이야기 종교와 전통을 존속시킨다.

정답 **(c)**

해설 보기에 다양한 접속사와 접속부사가 나왔으므로 연결어 문제이다. 빈칸 앞뒤의 문장을 해석하고, 두 문장의 관계를
확인해야 한다. 빈칸 앞뒤 문장에서 원인과 결과의 접속 부사 therefore가 가장 자연스러운 관계이므로 정답은 (c)
Therefore이다.

오답 분석 (a) In fact(사실은) (b) Otherwise(그렇지 않으면) (d) And(그리고). 접속사로서, 접속부사 자리에는 올 수 없다.

어휘 rapidly 빠르게 give up 포기하다 tradition 전통 native 토착민의 religion 종교 alive 살아 있는

3 학습한 문법을
점검할 수 있는
체크 문제 제시

4 문법 유형별로
필수 암기 내용 제시

(2) 동명사를 목적어로 취하는 동사

> finish(끝내다), stop(그만두다), quit(그만두다), give up(그만두다), escape(피하다), avoid (피하다), postpone(연기하다), delay(미루다), mind(꺼리다), enjoy(즐기다), keep(유지하다), practice(연습하다), advocate(옹호하다), risk(~의 위험을 무릅쓰다), consider(고려하다), admit(인정하다), deny(부인하다), insist(주장하다), resist(참다), dislike(싫어하다), discontinue(중단하다), be worth(~할 가치가 있다), feel like(~하고 싶다), anticipate (기대하다), advise(충고하다), discuss(토론하다), mention(언급하다), recommend(추천하다), involve(포함하다), miss(놓치다), suggest(제안하다), recall(기억해내다)

(3) 동명사와 부정사 모두 목적어로 취하는 동사

> forget(잊다), remember(기억하다), begin(시작하다), start(시작하다), continue(계속하다), cease(중단하다), dread(무서워하다), like(좋아하다), love(사랑하다), neglect(무시하다), prefer(선호하다), regret(후회하다)

5 만점 포인트로
정답 선택 전략
단계별 제시

만점 포인트 반드시 암기해야 할 현재진행 시제와 자주 쓰이는 부사(구)

> now, right now, at the moment, nowadays, these days, at this time/week/ month, on the weekend, currently, continually, constantly, presently, temporarily

**유형
파악** 보기를 보고 동사의 시제가 다양하게 나오면 시제 문제이다.

**단서
확인** 보기에 현재진행 시제가 있고, 본문 빈칸 앞뒤 또는 보기에 현재진행 시제와 자주 쓰이는 부사가 있는지 확인한다.

**정답
선택** 현재진행 시제와 자주 쓰이는 부사(구)가 있으면 동사 형태가 'am/are/is+~ing'인 보기를 선택한다.

Chapter 1 시제 : **019**

6 문법 만점 공식
별도 제시로 휴대하며
학습 가능

문법 만점 공식

1. 시제

(1) 현재 진행

반드시 암기해야 할 현재진행형 시제와 자주 쓰이는 부사(구)

now, right now, at the moment, nowadays, these days, at this time/week/month, at the weekend, currently, continually, constantly, presently, temporarily

(2) 과거진행

과거진행형과 함께 쓰이는 부사절

'when 주어+동사의 과거형', 'while 주어+동사의 과거형/과거진행형'이 나오면 주절은 과거진행 시제가 쓰인다.

(3) 미래 진행

미래진행 시제와 자주 쓰이는 부사(구)와 부사절

• 부사구: next week/month/year, January 1st, next time, until then

G-TELP 소개

G-TELP란?

G-TELP(General Tests of English Language Proficiency)는 ITSC(International Testing Services Center, 미국 국제 테스트 연구원)에서 주관하는 국제 공인영어시험입니다. 한국은 1986년에 지텔프 코리아가 설립되어 시험을 운영 및 주관하고 있습니다. 현재 각종 국가고시, 기업 채용 및 승진 평가 시험, 대학교 졸업 인증 시험, 교육 과정 등에서 널리 활용되는 글로벌 영어평가 교육 시스템입니다. G-TELP에는 다양한 테스트가 있으며, 그중 G-TELP Level Test의 Level 2 정기 시험 점수가 가장 많이 사용되고 있습니다.

G-TELP Level별 시험 구성

구분	출제 방식 및 시간	평가 기준	합격자의 영어 구사 능력
Level 1	청취 30문항 독해 및 어휘 60문항 총 90문항 (약 100분)	Native Speaker에 준하는 영어 능력: 상담, 토론 가능	모국어가 영어인 사람과 대등한 의사소통 국제회의 통역 가능한 수준
Level 2	문법 26문항 청취 26문항 독해 및 어휘 28문항 총 80문항 (약 90분)	다양한 상황에서 대화 가능: 업무 상담 및 해외 연수 등이 가능한 수준	일상생활 및 업무 상담 가능 외국인과의 회의 및 세미나, 해외 연수 등이 가능한 수준
Level 3	문법 22문항 청취 24문항 독해 및 어휘 24문항 총 70문항 (약 80분)	간단한 의사소통과 친숙한 상태에서의 단순 대화 가능	간단한 의사소통 가능 해외 여행과 단순한 업무 출장이 가능한 수준
Level 4	문법 20문항 청취 20문항 독해 및 어휘 20문항 총 60문항 (약 80분)	기본적인 문장을 통해 최소한의 의사소통이 가능한 수준	기본적인 어휘의 짧은 문장으로 최소한의 의사소통이 가능한 수준
Level 5	문법 16문항 청취 16문항 독해 및 어휘 18문항 총 50문항 (약 55분)	극히 초보적인 수준의 의사소통 가능	영어 초보자 일상의 인사, 소개 등을 이해할 수 있는 수준

✎ G-TELP Level 2의 구성

영역	분류	문항	배점
문법	시제, 가정법, 조동사, 준동사, 연결어, 관계사, 당위성/이성적 판단	26	100점
청취	Part 1 개인적인 이야기를 하는 대화 Part 2 정보를 제공하는 발표 형식의 담화 Part 3 결정을 위해 의논하는 대화 Part 4 절차나 과정을 설명하는 형식의 담화	26 (각 7/6/6/7문항)	100점
독해 및 어휘	Part 1 과거나 현세대 인물의 일대기 Part 2 사회나 기술적 내용을 다루는 잡지 기사 Part 3 일반적인 내용의 지식 백과 Part 4 설명하거나 설득하는 내용의 비즈니스 레터	28 (각 7문항)	100점
전체	약 90분 (영역별 제한 시간 없이 전체 90분 활용 가능)	80문항	공인 성적: 영역별 점수 합을 3으로 나눈 평균값

✎ G-TELP의 특징

▶ 절대 평가 방식: 문법, 청취, 독해 및 어휘 모두 75점 이상이면 해당 등급에 합격(Mastery)하지만 국내의 각종 영어 대체 시험 성적
　　으로는 Level 2의 65점 이상만 얻으면 합격 가능
▶ 빠른 성적 확인: 응시일로부터 일주일 이내 성적 확인 가능
▶ 문법, 청취, 독해 및 어휘의 3영역에 객관식 4지선다형으로 학습 부담 적음
▶ 영역별 문제 유형이 확실하게 정해져 있어 단기간 학습으로 점수 상승 가능

✏️ G-TELP Level 2의 성적 활용 비교

구분	G-TELP (LEVEL 2)	TOEIC
5급 공채	65	700
외교관 후보자	88	870
7급 공채	65	700
7급 외무영사직렬	77	790
7급 지역인재	65	700
국회사무처(입법고시)	65	700
대법원(법원행정고시)	65	700
국민안전처(소방간부 후보생)	50	625
국민안전처(소방사) (2023년부터)	43	550
경찰청(경찰간부 후보생)	50	625
경찰청(경찰공무원)	43	550
국방부(군무원) 5급	65	700
국방부(군무원) 7급	47	570
국방부(군무원) 9급	32	470
카투사	73	780
특허청(변리사)	77	775
국세청(세무사)	65	700
고용노동부(공인노무사)	65	700
국토교통부(감정평가사)	65	700
한국산업인력공단(관광통역안내사)	74	760
한국산업인력공단(호텔경영사)	79	800
한국산업인력공단(호텔관리사)	66	700
한국산업인력공단(호텔서비스사)	39	490
금융감독원(공인회계사)	65	700

시험 접수부터 성적 확인까지

📝 접수하기

▶ **접수** : www.g-telp.co.kr에 회원 가입 후 접수 또는 지정 접수처에 직접 방문하여 접수
▶ **응시일** : 매월 2회(격주) 일요일 오후 3시

　　　　　(정기 시험 일정과 고사장, 응시료 등은 변동될 수 있으므로 지텔프코리아 홈페이지에서 확인)
▶ **응시료** : 정기 접수 6만 300원, 추가 접수 6만 4,700원, 수시 접수 6만 8,200원
▶ **응시 자격** : 제한 없음

📝 응시하기

▶ **입실** : 오후 2시 20분까지 입실 완료
▶ **준비물** : 신분증, 컴퓨터용 사인펜, 시계, 수정테이프
▶ **유의 사항** :

　− 신분증은 주민등록증, 여권(기간 만료전), 운전면허증, 공무원증, 군인신분증, 중고생인 경우 학생증(사진 + 생년월일 + 학교장
　　직인 필수), 청소년증, 외국인등록증(외국인) (단, 대학생의 경우 학생증 불가)만 인정
　− 허용된 것 이외에 개인 소지품 불허
　− 컴퓨터용 사인펜으로만 마킹 가능(연필이나 볼펜 마킹 후 사인펜으로 마킹하면 오류가 날 수 있으니 주의)
　− 수정테이프만 사용 가능, 수정액 사용 불가

📝 성적 확인하기

▶ **성적 결과** : 시험 후 일주일 이내에 지텔프 코리아 홈페이지(www.g-telp.co.kr)에서 확인 가능
▶ **성적표 수령** : 온라인으로 출력(최초 1회 발급 무료)하거나 우편으로 수령 가능하고 성적은 시험일로부터 2년간 유효함

성적표 샘플

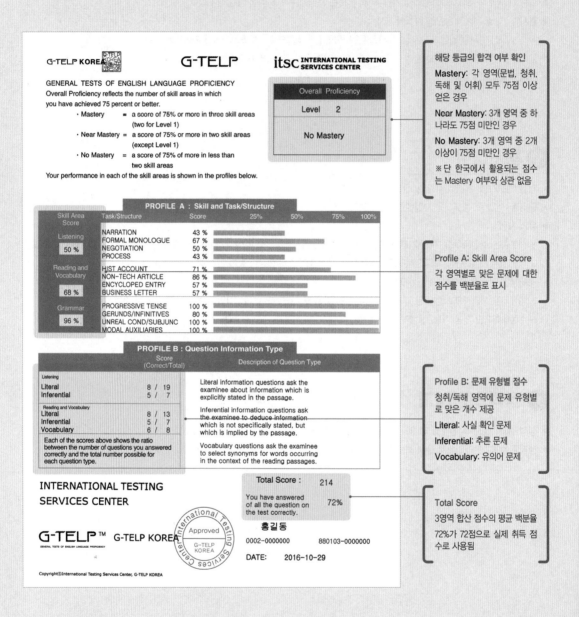

해당 등급의 합격 여부 확인

Mastery: 각 영역(문법, 청취, 독해 및 어휘) 모두 75점 이상 얻은 경우

Near Mastery: 3개 영역 중 하나라도 75점 미만인 경우

No Mastery: 3개 영역 중 2개 이상이 75점 미만인 경우

※ 단 한국에서 활용되는 점수는 Mastery 여부와 상관 없음

Profile A: Skill Area Score

각 영역별로 맞은 문제에 대한 점수를 백분율로 표시

Profile B: 문제 유형별 점수

청취/독해 영역에 문제 유형별로 맞은 개수 제공

Literal: 사실 확인 문제

Inferential: 추론 문제

Vocabulary: 유의어 문제

Total Score

3영역 합산 점수의 평균 백분율 72%가 72점으로 실제 취득 점수로 사용됨

문법 출제 경향 및 전략

✏️ 영역 소개

2~3개로 구성된 문장의 빈칸에 들어갈 알맞은 문법 사항을 고르는 문제이며, 1번부터 26번까지 26문제가 출제됩니다.
7개 문법 유형(시제, 가정법, 준동사, 조동사, 연결어, 관계사, 당위성/이성적 판단)만 출제됩니다.

✏️ 문제 형태

1. In celebration of Earth Science Week, the school is hosting an essay writing
   contest with the theme "Caring for Our Geo-heritage." Essays _____ be
   submitted to the science department before the 21st of October.

   (a) could
   (b) might
   (c) would
   (d) must

✏️ 최신 출제 경향 분석 비주얼 차트

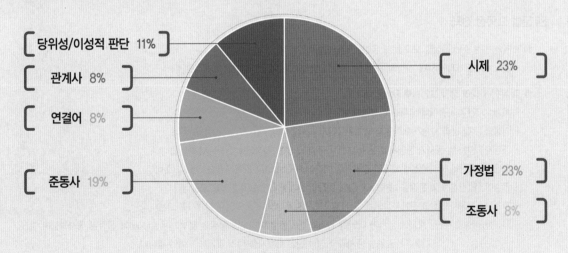

기출 7회분 [문법] 영역 출제 유형 분석

최신 출제 경향 분석 및 고득점 전략

1 문법 최신 출제 경향

❶ 7개의 문법 유형(시제, 가정법, 준동사, 조동사, 연결어, 관계사, 당위성/이성적 판단)이 출제됩니다.

❷ 문법 총 26문항 중 시제(6문항), 가정법(6문항), 준동사(5문항), 조동사(2문항), 연결어(2문항), 관계사(2문항), 당위성 및 이성적 판단(3문항)으로 출제되고 있습니다.

❸ 시제와 가정법 문제가 각각 6문항씩 가장 많이 출제되고 있고 준동사가 5문항으로 그 다음으로 많이 출제되고 있습니다.

❹ 시제는 현재진행, 과거진행, 미래진행, 현재완료진행, 과거완료진행, 미래완료진행에서 각각 한 문항씩 출제됩니다.

❺ 가정법은 가정법 과거 3문항, 가정법 과거완료 3문항이 출제됩니다.

❻ 준동사 중 동명사가 3문항, to부정사가 2문항이 출제됩니다.

❼ 조동사는 의미와 기능이 명확한 4가지(can, will, must, should)가 출제됩니다.

❽ 연결어는 접속사와 접속부사가 출제되고 주로 대조나 비교, 원인과 결과, 양보의 연결어가 자주 출제됩니다.

❾ 관계사는 관계대명사가 2문항 출제되거나 관계대명사와 관계부사가 1문항씩 출제됩니다.

❿ 당위성 문제는 동사(요구, 주장, 제안, 명령)와 이성적 판단 형용사(necessary, important, mandatory 등)가 나오며 3문항이 출제됩니다. 이 문제 유형은 당위성 동사나 이성적 판단 형용사와 함께 쓰인 that절에 should가 생략된 동사원형이 정답이 되는 형태로 나오는데, 학습자들이 시제 문제로 혼동하는 경우가 많아 '당위성/이성적 판단'이라는 일곱 번째 항목으로 따로 분류했습니다.

2 문법 고득점 전략

❶ 보기와 빈칸 주변 문장을 보고 문제 유형을 판단합니다.
　– 문제 유형(7가지) : 시제, 가정법, 준동사, 조동사, 연결어, 관계사, 당위성/이성적 판단

❷ 각 유형에 따라 정답 포인트를 확인합니다.
　– 시제 : 시간 부사절이나 부사구를 확인합니다.
　– 가정법 : if절 안의 시제가 과거인지 과거완료인지 파악합니다.
　– 준동사 : 빈칸 앞 동사가 동명사 혹은 to부정사 중 어느 것을 목적어로 취하는지 확인합니다.
　– 조동사 : 문장을 해석하면서 보기의 조동사를 빈칸에 대입해 보고 문맥에 맞는 것을 고릅니다.
　– 연결어 : 빈칸 앞뒤의 문장을 해석하고, 앞뒤 문장의 관계를 확인하여 정답을 고릅니다.
　– 관계사 : 선행사를 찾고 관계사절에서 그 선행사의 역할을 파악하여 알맞은 관계사를 고릅니다.
　– 당위성/이성적 판단 : 보기에 동사가 다양한 시제와 동사원형이 나오면 당위성 문제이며 should가 생략된 동사원형이 정답입니다. 당위성 동사와 이성적 판단 형용사를 미리 암기해 두어야 합니다.

학습 플랜

✎ 2주 완성 학습 플랜

Day 1	Day 2	Day 3	Day 4	Day 5	Day 6
Chapter 1 시제 학습 및 문제 풀기	**Chapter 1** 시제 학습 및 문제 풀기	**Chapter 2** 가정법 학습 및 문제 풀기	**Chapter 2** 가정법 학습 및 문제 풀기	**Chapter 3** 준동사 학습 및 문제 풀기	**Chapter 4** 조동사 학습 및 문제 풀기

Day 7	Day 8	Day 9	Day 10	Day 11	Day 12
Chapter 5 연결어 학습 및 문제 풀기	**Chapter 6** 관계사 학습 및 문제 풀기	**Chapter 7** 당위성 & 이성적 판단 학습 및 문제 풀기	기출 실전테스트 1회 풀기	기출 실전테스트 2회 풀기	기출 실전테스트 3회 풀기

▶ 각 문법에 나오는 문제 유형, 그에 필요한 단어와 표현을 반드시 암기합니다.
▶ 문법 유형 중 시제, 가정법, 당위성 문제를 집중적으로 학습합니다.

✎ 3주 완성 학습 플랜

Day 1	Day 2	Day 3	Day 4	Day 5	Day 6
Chapter 1 시제 학습 및 문제 풀기	**Chapter 1** 리뷰	**Chapter 2** 가정법 학습 및 문제 풀기	**Chapter 2** 리뷰	**Chapter 3** 준동사 학습 및 문제 풀기	**Chapter 4** 조동사 학습 및 문제 풀기

Day 7	Day 8	Day 9	Day 10	Day 11	Day 12
Chapter 3~4 리뷰	**Chapter 5** 연결어 학습 및 문제 풀기	**Chapter 6** 관계사 학습 및 문제 풀기	**Chapter 5~6** 리뷰	**Chapter 7** 당위성 & 이성적 판단 학습 및 문제 풀기	**Chapter 7** 리뷰

Day 13	Day 14	Day 15	Day 16	Day 17	Day 18
전체 문법 내용 복습	틀렸던 문제 중심으로 복습	기출 실전테스트 1회 풀기 및 리뷰	기출 실전테스트 2회 풀기 및 리뷰	기출 실전테스트 3회 풀기 및 리뷰	부족한 문법 유형 다시 복습

▶ 시제, 가정법, 당위성을 포함 모든 범위로 확대해서 학습합니다.

CHAPTER

1

시제

시제	가정법	준동사	조동사	연결어	관계사	당위성 & 이성적 판단
6 문제	**6** 문제	**5** 문제	**2** 문제	**2** 문제	**2** 문제	**3** 문제

시제 문제는 12시제 중 주로 6개의 진행 시제가 출제된다.

(현재진행, 과거진행, 미래진행, 현재완료진행, 과거완료진행, 미래완료진행)

매회 꾸준히 6개의 진행 시제가 1문제씩 6문제가 나오는 가장 비중이 높은 유형이다.

진행 시제는 의미가 명확하고, 앞뒤에 힌트가 될 수 있는 시간 부사나 부사구, 부사절이 반드시 등장한다.

만점 포인트

첫째, 보기를 보고 동사의 시제가 다양하게 나오면 시제 문제이다.

둘째, 시간 부사 표현을 보고 진행 시제 중 단순진행 시제인지 완료진행 시제인지 확인한다.

셋째, 기준 시제가 결정되면 보기 중 기준 시제와 일치하는 진행 시제를 고르면 된다.

넷째, 자주 나오는 시간 부사구와 부사절을 암기해 둔다.

시제 ① 현재진행

지텔프 유형 공략하기

의미 (~하고 있다) 현재에 진행 중인 동작을 나타낸다.

주어 + **am/are/is** + **~ing** (＋현재진행 부사구)

현재 상황에서 일어나고 있는 동작이나 행동을 강조하기 위해 사용한다.
예를 들어 'She is playing the piano now.(그녀가 지금 피아노를 치고 있다.)'라는 문장을 보면 지금 피아노를 치고 있는 행동을 강조하기 위해 현재진행형을 사용한다.

용법 (1) 지금 당장 일어나고 있는 동작을 나타낼 때 사용한다.

Julia **is seeing** a movie with her brother **at the moment**.
줄리아는 지금 그녀의 오빠와 영화를 보고 있다.

The train **is now arriving** at the platform.
기차가 지금 플랫폼에 도착하고 있다.

Right now, Sandra and her friends **are dancing** on the stage.
바로 지금, 산드라와 그녀의 친구들이 무대에서 춤추고 있다.

(2) 현재 진행 중인 시간을 나타내는 부사구와 함께 쓰인다.

'바로 지금'을 나타내는 now, right now, at the moment 뿐만 아니라 these days, currently, nowadays 등 최근 시간을 나타내는 시간 부사구와도 함께 쓰인다.

Thomas **is serving** at a Chinese restaurant **these days**.
요즘 토마스는 중국 음식점에서 서빙을 하고 있다.

Kelly **is currently taking** an English language course with her friends.
켈리는 최근에 친구들과 함께 영어 어학 수업을 듣고 있다.

Nowadays, many people **are using** video conferencing platforms to communicate.
요즘 많은 사람들이 의사소통을 위해 화상 회의 플랫폼을 사용하고 있다.

(3) 이동동사가 현재진행 시제에 쓰이면 가까운 미래를 나타낸다.

go, come, arrive, depart, leave, start, return 등의 이동동사가 현재진행형과 자주 사용된다.

I **am going** to the concert this weekend with front row tickets, so I'm excited and can't wait to see my favorite band on stage.
나는 이번 주말에 앞줄 표를 가지고 콘서트에 갈 예정이어서, 신이 나고 무대에서 가장 좋아하는 밴드를 빨리 보고 싶다.

Mark **is coming** to the camp site just a day after his friends because he has a project he needs to finish first.
마크는 먼저 끝내야 할 프로젝트가 있기 때문에 친구들보다 바로 하루 뒤에 캠프장으로 올 것이다.

His plane to Los Angeles **is departing** in exactly 10 minutes.
그가 탑승한 LA행 비행기는 정확히 10분 후에 출발할 것이다.

The meeting about the launch of the new product **is starting** in 5 minutes, but the manager is not here yet.
신제품 출시 관련 회의가 5분 후에 시작될 것이지만, 매니저가 아직 오지 않았다.

The athletes **are returning** from the international championships abroad to a large crowd of cheering fans.
선수들은 해외에서 국제대회를 마치고 환호하는 많은 팬들에게로 돌아올 것이다.

만점 포인트 **반드시 암기해야 할 현재진행 시제와 자주 쓰이는 부사(구)**

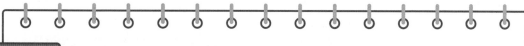

now, right now, at the moment, nowadays, these days, at this time/week/month, on the weekend, currently, continually, constantly, presently, temporarily

 유형파악 보기를 보고 동사의 시제가 다양하게 나오면 시제 문제이다.

 단서확인 보기에 현재진행 시제가 있고, 본문 빈칸 앞뒤 또는 보기에 현재진행 시제와 자주 쓰이는 부사가 있는지 확인한다.

 정답선택 현재진행 시제와 자주 쓰이는 부사(구)가 있으면 동사 형태가 'am/are/is+~ing'인 보기를 선택한다.

Check

Every Sunday morning, Andy's mother scouts around the neighborhood for yard sales. The thought of trade always delights her. **Right now**, she _____ through the next-door neighbor's yard display and it feels like paradise to her.

(a) will look
(b) has been looking
(c) looked
(d) is looking

일요일 아침마다 앤디의 어머니는 알뜰시장(야드세일)을 찾아 동네를 돌아다닌다. 물건을 산다는 생각은 언제나 그녀를 즐겁게 한다. 바로 지금, 그녀는 옆집 마당에 진열된 상품을 보고 있는데, 그것은 그녀에게 천국처럼 느껴진다.

정답 **(d)**

해설 보기에 동사 look이 다양한 시제로 나왔으므로 시제 문제이다. 빈칸 앞뒤에 시간 부사구나 부사절을 확인한다. 빈칸 앞에 현재진행 시제와 함께 사용되는 부사구 right now가 나왔으므로 현재진행 시제인 (d)가 정답이다.

어휘 scout around (~을 찾아) 돌아다니다 neighborhood 동네 delight 매우 즐겁게 하다 look through (빠르게) 훑어보다 next-door 옆집의 display 진열

Linda is a novice at gardening. **At the moment**, she _____ a book about growing plants and flowers. She'll buy her favorite flower seeds soon.

(a) reads
(b) is reading
(c) read
(d) has read

린다는 정원 가꾸기에서 초보자이다. 지금 그녀는 식물과 꽃을 기르는 것에 관한 책을 읽고 있다. 그녀는 곧 자신이 좋아하는 꽃씨들을 살 것이다.

정답 **(b)**

해설 보기에서 동사 read가 다양한 시제로 나왔으므로 시제 문제이다. 빈칸 앞뒤에 시간 부사구가 있는지 확인한다. 빈칸 앞에 현재진행 시제와 자주 쓰이는 부사구 at the moment가 나오므로 현재진행 시제인 (b)가 정답이다.

오답 분석 앞 문장에 현재 시제(is)가 쓰인 것을 보고 현재 시제 동사인 (c) reads를 고르면 안 된다. 현재 시제는 습관이나 반복되는 동작을 나타내므로 (c) reads를 빈칸에 넣어서 해석하면 '항상 책을 읽는다'라는 뜻이 되어 어색하다. 따라서 (c)는 오답이다.

어휘 novice 초보자 gardening 정원 가꾸기 at the moment 지금 당장은, 현재는 seed 씨앗, 씨

01 My mother likes to shop at flea markets. The possibility of a good bargain always
기출 1회 thrills her. Right now, she _____ for Christmas decorations at the Randolph
Street Market.

(a) will scout   (b) has been scouting
(c) scouted   (d) is scouting

02 Jason has been tirelessly practicing his audition piece for the musical Beauty and
기출 2회 the Beast. He is dying to get the role of the Beast. At the moment, he _____
in front of the casting director.

(a) is singing   (b) sings
(c) will be singing   (d) sang

03 Eunice isn't very happy with her current hobby, cross-stitching, because it
기출 3회 limits her artistic expression. Looking for a more satisfying way to express her
creativity, she _____ taking up painting instead.

(a) will now consider   (b) is now considering
(c) was now considering   (d) has now considered

04 A wind farm was built in Rockford to provide clean energy for 10,000 homes. The
기출 4회 wind facility _____ renewable energy, and is expected to result in cleaner
air and lower greenhouse gas emissions.

(a) is now producing   (b) has now produced
(c) was now producing   (d) will now have produced

시제 ② 과거진행

지텔프 유형 공략하기

의미 (~하고 있었다) 과거의 특정 시점에 동작이 진행 중이었음을 나타낸다.

주어 + **was/were** + **~ing** (+과거진행 부사구/부사절)

A: What **were** you **doing** last Saturday afternoon?
지난 토요일 오후에 뭐 하고 있었니?

B: I **was posting** pictures of my last trip on my SNS.
SNS에 지난번 여행 사진을 올리고 있었어.

용법 (1) 과거진행 시제는 과거 시제와 쓰이는 경우가 많으며 과거에 더 길게 지속된 행위나 상황은 과거
진행 시제로, 짧게 일어난 과거의 순간적인 동작은 과거 시제로 쓴다.

Jen **was visiting** her best friend in New York when she **left** her phone
　　　더 길게 일어난 동작　　　　　　　　　　　　　　　　더 짧게 일어난 동작
in a cab.
젠이 택시에 휴대폰을 두고 내렸을 때 젠은 뉴욕에 있는 그녀의 절친을 방문하고 있었다.

When Harry **arrived** at the store, some people **were** already **waiting** in
　　　더 짧게 일어난 동작　　　　　　　　　　　　　　더 길게 일어난 동작
line.
해리가 그 가게에 도착했을 때, 몇몇 사람들이 이미 줄을 서서 기다리고 있었다.

(2) 과거진행 시제는 while을 함께 사용하여 과거의 같은 시간에 진행 중이었던 2개의 행동을 나타 낸다. 단, 비공식적인 대화에서는 과거진행 시제에 when을 사용하기도 한다.

While Jack was chatting with his parents on Skype, his dog **was running** in the backyard.
잭이 스카이프로 부모님과 채팅을 하는 동안, 그의 개는 뒤뜰에서 달리고 있었다.

When Tim was eating out, I **was meeting** with my business partners at the office.
팀이 외식을 하고 있을 때, 나는 사무실에서 사업 파트너들을 만나고 있었다.

(3) 과거진행 vs. 단순과거

과거진행은 행동의 계속(duration)에 초점을 두고, 단순과거는 행동의 완료에 초점을 둔다.

과거진행: Robert **was writing** a poem last week. (We don't know if he finished the poem.)
로버트는 지난주에 시를 쓰고 있었다. (우리는 그가 그 시를 다 썼는지 아닌지를 모른다.)

단순과거: Robert **wrote** a poem last week. (He probably finished the poem.)
로버트는 지난주에 시를 썼다. (그는 아마 그 시를 다 썼을 것이다.)

만점 포인트 **과거진행 시제와 함께 쓰이는 부사절**

'when 주어+동사의 과거형', 'while 주어+동사의 과거형/과거진행형'이 나오면 주절에서는 과거진행 시제가 쓰인다.

 유형 파악 ▶ 보기를 보고 동사의 시제가 다양하게 나오면 시제 문제이다.

 단서 확인 ▶ 보기에 과거진행 시제가 있고, 빈칸 문장에 'when+과거 시제절'이나 'while+과거 시제절'이 있는지 확인한다.

 정답 선택 ▶ 동사 형태가 'was/were+~ing'인 보기를 선택한다.

Check

Mr. and Mrs. Johnson must surely invest in a new family car. Last Friday, while it was raining, they practically ran into a tree on the way from their log cabin as the wipers broke. The following morning, they _____ to the coffee shop **when the wheel lug came loose**.

(a) were driving
(b) had been driving
(c) have driven
(d) drove

존슨 부부는 확실히 새 가족용 자동차에 투자를 해야만 한다. 지난 금요일, 비가 오는 동안, 그들은 와이퍼가 고장 나면서 통나무집에서 돌아오는 길에 거의 나무를 들이받을 뻔했다. 다음 날 아침, 바퀴 러그가 느슨해졌을 때, 그들은 커피숍으로 운전해서 가고 있었다.

정답 (a)

해설 보기에 동사 drive가 다양한 시제로 되었으므로 시제 문제이다. 빈칸 앞뒤에 시간 부사구나 부사절을 확인한다. 빈칸 뒤에 과거 시제 부사절 'when the wheel lug came loose.'가 나왔고, 완료시간 부사구(for+시간명사 등)가 없기 때문에 과거완료진행 시제가 정답이 될 수 없다. 즉 단순진행 시제 중 과거와 어울릴 수 있는 과거진행 시제인 (a)가 정답이다. G-TELP 시험의 특징 중 하나가 단순 시제(현재, 과거, 미래 시제)와 단순완료 시제(현재완료, 과거완료, 미래완료 시제)는 잘 출제되지 않는다는 점이다. G-TELP 시험의 문법 파트에서는 의미가 명확한 진행 시제(현재진행, 과거진행, 미래진행, 현재완료진행, 과거완료진행, 미래완료진행)가 주로 출제되고 단순 시제인 현재 시제나 과거 시제, 미래 시제 등은 거의 출제되지 않는다. 따라서 보기에서 과거 시제와 과거진행 시제가 고민될 때는 바로 과거진행 시제를 고르면 된다.

오답 분석 (b) had been driving은 과거완료진행 시제로, 과거 이전부터 시작된 일이 과거에 계속 진행 중이었음을 나타내는데, 여기에서는 과거가 기준 시점임을 알려주는 when절만 나와 있고 '~동안'이라는 기간을 나타내는 표현이 나오지 않아서 과거완료진행 시제는 적절하지 않다.
(d) drove는 과거 시제로, 과거의 일회성 동작을 나타내는데, 여기에서는 운전하는 행동이 한창 진행 중이었음을 나타내므로 문맥상 과거 시제보다는 과거진행 시제가 더 적합하다.

어휘 surely 확실히, 분명히 invest in ~에 투자하다 practically 거의, 사실상 run into ~와 부딪히다 on the way from ~로부터 오는 길에 log cabin 통나무집 wheel lug 바퀴를 잡아주는 나사 come loose 느슨해지다

01 We arrived late at the airport last night and had to hurry through dinner just to
기출 1회 catch our flight. We _____ at the airport's burger restaurant when our flight
was called for boarding.

(a) still dined
(b) are still dining
(c) were still dining
(d) had still dined

02 Last night, I was surprised to find my seven-year-old son still awake at 10:30.
기출 2회 I had worked late because our office was updating its financial records.
Fortunately, my son _____ his homework when I got home.

(a) is finishing
(b) has been finishing up
(c) will finish up
(d) was finishing up

03 The inventor Wilson Greatbatch discovered the pacemaker quite by accident.
기출 3회 He _____ on a heartbeat recording machine when he installed the wrong
transistor in the device. To his surprise, it made a heart-like beat when activated.

(a) worked
(b) was working
(c) has been working
(d) will have worked

04 My six-year-old nephew loves the building blocks set I gave him. The Police
기출 4회 Station set includes a station, mini-figures of crooks and police officers, and
motorcycles. He _____ with it when I visited this morning.

(a) will have played
(b) was playing
(c) is playing
(d) has played

Chapter 1

시제 **3** 미래진행

지텔프 유형 공략하기

의미 (~하고 있을 것이다) 미래의 특정 시간에 동작이 진행 중일 것임을 나타낸다.

주어 + **will be** + **~ing** (+미래진행 부사구/부사절)

용법 (1) 미래의 특정한 시점을 나타내는 부사(구)가 같이 나온다.

Tommy **will be watching** a movie at this time tomorrow.

미래 시점

토미는 내일 이맘 때쯤 영화를 보고 있을 것이다.

(2) **미래를 나타내는 조건절이나 시간 부사절과 함께 사용된다.**

미래의 의미를 나타내는 조건절이나 시간 부사절에서는 미래 대신 현재 시제가 사용되는데, 이때 주절의 시제를 현재나 현재진행 시제로 써서는 안되며, 주절의 시제가 반드시 미래나 미래진행 시제여야 한다.

(O) If Bill **finishes** his homework tomorrow, he **will play** football with his friends. ← 미래의 예정, 의지

빌이 내일 오후에 그의 숙제를 끝내고 나면, 그는 친구와 축구를 할 것이다.

(O) If Bill **finishes** his homework tomorrow, he **will be playing** football with his friends. ← 미래에 한창 진행되고 있을 동작

빌이 내일 오후에 그의 숙제를 끝내고 나면, 그는 친구와 축구를 하고 있을 것이다.

(x) If Bill finishes his homework tomorrow, he plays football with his friends.

(x) If Bill will finish his homework tomorrow, he will play football with his friends.

(3) 시간 부사절에서 현재 시제나 현재진행 시제로 쓰인 경우 주절에서는 미래진행 시제가 쓰인다.

My mom **will be cooking** dinner when we arrive around 5 p.m.
우리가 5시쯤 도착할 때 어머니는 저녁을 만들고 계실 거야.

While you are cleaning the living room, I **will be doing** the dishes.
네가 거실을 청소하는 동안 나는 설거지를 하고 있을 것이다.

(4) 조건절이 현재 시제로 나온 경우 주절에서는 미래진행 시제가 쓰인다.

Sarah **will be performing** at the theater next month if she passes the
audition tomorrow.
사라가 내일 그 오디션을 통과한다면, 사라는 다음달에 그 극장에서 공연하고 있을 것이다.

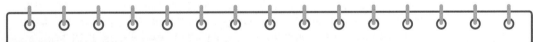

만점 포인트 **미래진행 시제와 자주 쓰이는 부사(구)와 부사절**

부사구: next week/month/year, tomorrow, next time, until then
부사절: when+현재 시제절, while+현재/현재진행 시제절, until+현재 시제절

유형 파악 보기를 보고 동사의 시제가 다양하게 나오면 시제 문제이다.

단서 확인 보기 중 미래진행 시제가 있고, 미래의 특정 시간을 나타내는 부사(구)나 절이 있는지 확인한다.

정답 선택 동사 형태가 'will be + ~ing'인 보기를 선택한다.

Check

My boyfriend and I have numerous things to go over as we are hosting our first Thanksgiving Dinner this year, but he needs to go pick up his parents at John F. Kennedy International Airport first. He is coming to my apartment by 8 p.m., but **until then**, I _____ the turkey stuffing.

(a) will be making
(b) have made
(c) will make
(d) had been making

남자친구와 나는 올해 첫 추수감사절 만찬을 열기 때문에 검토할 것이 많지만, 남자친구는 먼저 존 에프 케네디 공항으로 그의 부모님을 모시러 가야 한다. 그는 저녁 8시까지 내 아파트에 올 것이지만, 그 때까지 나는 칠면조 속을 만들고 있을 것이다.

정답 **(a)**

해설 보기에 동사 make가 다양한 시제로 나왔으므로 시제 문제이다. 빈칸 앞뒤에 시간 부사구나 부사절을 확인한다. 빈칸 앞쪽에 있는 'He is coming'에서 이동동사 come이 현재진행 시제로 쓰여서 가까운 미래의 의미를 나타내므로 기준 시점이 미래임을 알 수 있다. 그리고 빈칸 바로 앞에 미래진행 시제와 자주 사용되는 시간 부사구 'until then'이 있으므로 미래진행 시제 (a)가 정답이다. 이때, 빈칸에 대입해서 해석이 자연스러운지 확인해 본다. G-TELP 문법 문제에서 시제에 관한 문제를 풀 때에는 가장 먼저, 빈칸 주변에서 정답의 단서를 주는 시간 부사나 부사구, 부사절이 있는지 파악해야 한다. 시제마다 함께 쓰이는 시간 부사 표현이 정해져 있으므로 시제별로 시간 부사 표현을 암기해 두는 것이 중요하다.

오답 분석 (c) will make는 미래 시제로 쓰여서 미래의 예정이나 주어의 의지 등을 나타낸다. 그런데, 문맥상 예정이나 의지의 의미보다는 '8시까지 칠면조 속을 한창 만들고 있을 것이다'라는 미래 진행의 의미가 더 어울린다. G-TELP 문법에서 시제 문제로는 주로 의미가 명확한 진행 시제가 출제되고 현재, 미래, 과거 시제 등의 단순 시제는 거의 출제되지 않고 있다. 따라서 보기에 미래 시제와 미래진행 시제 둘 다 있으면 미래진행 시제를 정답으로 골라야 한다.

어휘 numerous 수많은 go over 검토하다 host dinner 만찬을 열다 pick up ~를 차로 데리러 가다
until then 그때까지 turkey 칠면조 stuffing (닭 · 칠면조 등의) 속 (재료), (쿠션, 인형의) 충전재

01 After seeing the imperial palaces and Baroque streetscapes of Vienna and
기출 1회 Prague, John and Lois will tour Santorini for the next leg of their honeymoon.
They _____ around Europe when you try to contact them next week.

(a) will still be traveling
(b) will still have traveled
(c) were still traveling
(d) have still been traveling

02 Jonathan cannot wait to see the house he's buying on Woodrow Street. His real
기출 2회 estate agent has agreed to take him there tomorrow but warns him that workmen
_____ the house's interior when they arrive.

(a) will paint
(b) will be painting
(c) are painting
(d) had been painting

03 You can check in at the hotel when you get there at 12 p.m., but there's no
기출 3회 guarantee that your room will be ready. Most likely, the housekeeper _____
the room when you arrive.

(a) still cleans up
(b) has still cleaned up
(c) will still be cleaning up
(d) was still cleaning up

04 Fans have been missing the cast of *The Five Club* since the decade-long series
기출 4회 ended ten years ago. To celebrate the show's upcoming 20th anniversary, the
BDC network _____ reruns of the show starting January 31st.

(a) will have been airing
(b) airs
(c) will be airing
(d) has aired

시제 ④ 현재완료진행

지텔프 유형 공략하기

의미 (~해오고 있다) 과거에 시작한 행동이 현재까지 계속 진행되고 있음을 나타낸다.

주어 + **have/has been** + **~ing** (＋현재완료진행 부사구)

Nancy **has been cleaning** her house **for an hour**.
낸시는 한 시간 동안 집을 청소하고 있다.

현재완료진행
한 시간 째 청소 중

과거
(청소하기 시작)

현재
(계속 청소 중)

용법 (1) 현재완료진행 시제와 자주 사용되는 since

① since＋과거 시점: ~부터, ~ 이후로

The new couple **has been spending** a lot of money on home appliances and furniture **since their wedding**.
이 신혼 부부는 결혼 이후 가전제품과 가구에 많은 돈을 쓰고 있다.

② since＋과거 시제절: ~한 이래로

Tony **has been playing** computer games with his friends **since he ate dinner**.
토니는 저녁 식사를 한 이후로 계속 그의 친구와 컴퓨터 게임을 하고 있다.

(2) 현재완료진행 시제와 자주 사용되는 부사(구)

① for+시간명사 + (현재진행 부사 now): (현재) ~ 동안

Many of my closest friends **have been traveling** to exotic places **for about five months now**.
나의 가장 친한 친구들 중 많은 이들이 현재 약 5개월 동안 이국적인 곳으로 여행을 해오고 있다.

She **has been saving for the past two years** for a month-long vacation in Zurich.
그녀는 취리히에서 한 달 간의 휴가를 보내기 위해 지난 2년 동안 저축을 해오고 있다.

② lately, throughout+명사, during/over+명사

What **have** you **been doing lately**?
최근에 뭐 하고 지내고 있니?

They say that Earth's climate **has** always **been changing throughout its existence**, and the current warming is a part of a natural cycle.
그들은 지구의 기후가 그것의 존재 기간 내내 항상 변화해 왔으며, 현재의 온난화는 자연적 주기의 한 부분이라고 말한다.

The students **have been reviewing** their psychology lessons **during the weekend** to ace their final exams.
학생들은 기말고사를 잘 보기 위해 주말 동안 심리학 수업을 복습하고 있다.

(3) 현재진행 vs. 현재완료진행

① **현재진행 시제**
기준 시점은 시간 부사구(절)를 보고 정하는데 기준 시점이 현재이면 현재진행 시제를 쓴다.

Sera **is preparing** for a job interview to succeed at her job application **now**.
기준 시점: 현재
세라는 지금 입사 지원에 성공하기 위해 면접을 준비하고 있다.

② **현재완료진행 시제**
문장에서 기준 시점이 현재이고 기간을 나타내는 표현(for+시간명사, over the past two years, since+시점)이 나오면 현재완료진행 시제를 쓴다.

David **has been saving** up for a new apartment **over the past two years**.
과거부터 현재까지의 기간
데이비드는 지난 2년에 걸쳐 새 아파트를 위해 저축해오고 있다.

(4) 단순진행 시제 vs. 완료진행 시제

① 단순진행 시제

기준 시점은 시간 부사구(절)를 보고 정하는데, 기준 시점이 현재, 과거, 미래 등 특정하게 나와 있고 기간을 나타내는 표현은 나와 있지 않은 경우에 단순진행 시제를 쓴다. 기준 시점이 현재이면 현재진행, 기준 시점이 과거이면 과거진행, 기준 시점이 미래이면 미래 진행 시제를 쓴다.

Ken **was sleeping** on the sofa <u>when his father arrived home</u>.

기준 시점: 과거

아버지가 집에 도착했을 때, 켄은 소파에서 잠자고 있었다.

Henry **will be preparing** dinner for us <u>when we arrive at 7 p.m.</u>

기준 시점: 미래 (시간 부사절에서 현재시제는 미래를 나타냄)

우리가 저녁 7시에 도착할 때에, 헨리는 우리를 위해 저녁을 준비하고 있을 것이다.

② 완료진행 시제

기준 시점과 함께 기간을 나타내는 시간 표현이 나오면 완료진행 시제를 쓴다. 이렇게 기간 표현이 나오면서 기준 시점이 현재이면 현재완료진행 시제, 과거이면 과거완료진행 시제, 미래이면 미래완료진행 시제가 된다.

He **had been studying** <u>for three hours</u> <u>until his father came home</u>.

기간   기준 시점: 과거

그는 아버지가 집에 올 때까지 계속해서 세 시간 동안 공부해 오고 있었다.

<u>**By next year**</u>, they will have been residing in the apartment <u>for five years</u>.

기준 시점: 미래   기간

내년이면, 그들은 5년 동안 그 아파트에서 살고 있을 것이다.

만점 포인트   현재완료진행 시제와 자주 쓰이는 부사(구)와 부사절

> for + 시간명사 (+now) / lately / throughout + 명사
>
> since + 과거 시점 / 과거 시제절

 유형 파악 ▶ 보기를 보고 동사의 시제가 다양하게 나오면 시제 문제이다.

 단서 확인 ▶ 보기의 다양한 시제 중 현재완료진행 시제가 있고, 함께 자주 쓰이는 부사구(절)가 있는지 확인한다.

 정답 선택 ▶ 동사 형태가 'have/has been + ~ing'인 보기를 선택한다.

Check

Susan's teachers are thrilled by her exceptional competence in spelling complicated and lengthy words. Her teachers think that she is fully qualified for the upcoming "Spelling Bee Contest" and they anticipate that she might be the champion of the contest. She _____ her spelling techniques **since her parents and teachers praised her skills at a local spelling contest**.

(a) has been perfecting
(b) perfects
(c) would perfect
(d) had been perfecting

수잔의 선생님들은 복잡하고 긴 단어의 철자를 맞추는 데 있어서 그녀의 출중한 능력에 짜릿한 기분을 느꼈다. 그래서 그녀의 선생님들은 그녀가 다가오는 철자 맞추기 대회를 위해 충분히 자격을 갖추고 있다고 생각하고 그녀가 그 대회의 챔피언이 될 것이라고 예상한다. 그녀의 부모님과 선생님들이 지역 철자 맞추기 대회에서 그녀의 실력을 칭찬한 이후로, 그녀는 계속해서 철자 맞추기 기법을 완벽하게 익히고 있다.

정답 **(a)**

해설 보기에 동사 perfect가 다양한 시제로 나왔으므로 시제 문제이다. 빈칸 앞뒤에 시간 부사구나 부사절이 있는지 확인한다. 빈칸 뒤에 현재완료진행 시제와 자주 사용되는 부사절인 since절 "since her parents and teachers praised her skills at a local spelling contest"이 나와 있다. 따라서 현재완료진행 시제 (a)가 정답이다. 이렇게 지텔프 시제 문제를 풀 때에는 빈칸 앞뒤에 시간 부사구나 부사절로 무엇이 왔는지를 파악해서 시간 부사 표현과 어울리는 시제를 보기에서 고르면 된다. 지텔프 문법에서 시제 문제를 빠르고 정확하게 풀기 위해서는 시제별로 자주 쓰이는 시간 부사구나 부사절을 반드시 암기해 두어야 한다.

어휘 be thrilled by ~에 짜릿한 기분을 느끼다   exceptional 특별한, 출중한   competence 능력   complicated 복잡한   lengthy 길이가 긴   be qualified for ~을 위한 자격 요건을 갖추다   fully 충분히, 완전히   upcoming 다가오는   Spelling Bee Contest 철자 맞추기 대회   anticipate 예상하다, 기대하다   perfect ~을 완벽하게 하다   praise 칭찬하다

Check

Josh, a graduate of 'Le Cordon Blue' in Paris, is passionately going after his childhood dream of opening his own bakery in downtown Manhattan. He _____ business classes at Harvard **for five months now**, which is also allowing him to expand his professional network.

(a) takes
(b) will be taking
(c) has been taking
(d) took

파리에 있는 '르 코르동 블루'의 졸업생인 조쉬는 맨해튼 시내에 제과점을 열겠다는 어린 시절의 꿈을 열정적으로 추구하고 있다. 그는 현재 5개월 동안 하버드에서 비즈니스 수업을 듣고 있는데, 이것은 또한 그가 전문 네트워크를 확장할 수 있게 해 준다.

정답 (c)

해설 보기에 동사 take가 다양한 시제로 나왔으므로 시제 문제이다. 빈칸 앞뒤에 시간 부사구나 부사절을 확인한다. 빈칸 뒤에 현재완료진행 시제와 자주 사용되는 부사구 'for five months now'가 나왔다. 따라서 현재완료진행 시제 (c)가 정답이다. 여기서 보듯이 현재완료진행 시제와 연관된 시간 부사구나 부사절을 암기하고 있으면 쉽게 문법 공식을 대입해서 빨리 문제를 풀 수 있다. G-TELP 시제 문제를 풀 때에는 빈칸 앞뒤에 시간 부사구나 부사절로 무엇이 왔는지를 파악해서 시간 부사 표현과 어울리는 시제를 보기에서 고르면 된다. G-TELP 문법에서 시제 문제를 빠르고 정확하게 풀기 위해서는 시제별로 자주 쓰이는 시간 부사구나 부사절을 반드시 암기해 두어야 한다.

어휘 graduate 졸업생 passionately 열정적으로 go after ~를 추구하다 take classes 수업을 듣다 allow A to+동사원형 A가 ~할 수 있게 해 주다, A가 ~하는 것을 허락하다 expand 확장하다

01 Kaitlin is ardently pursuing her dream of becoming a fashion designer. She
기출 1회 _____ design classes at the Paris Fashion Institute for three months now.
While there, she is gaining hands-on experience and building her professional
network.

(a) attends   (b) will be attending
(c) has been attending   (d) attended

02 Mr. Jackson has promised to help rebuild the houses of the typhoon victims
기출 2회 on Fiji Island. He _____ assistance to disaster victims worldwide since he
joined the Building Wishes Foundation in 1999.

(a) is giving   (b) gives
(c) has been giving   (d) will give

03 Some people claim that man-made global warming is only a myth spread by
기출 3회 misguided scientists. They say that the Earth's climate _____ throughout its
existence, and the current warming is a part of a natural cycle.

(a) had always changed   (b) has always been changing
(c) was always changing   (d) will always have changed

04 Yosemite National Park is recognized for its giant sequoia trees, granite cliffs,
기출 4회 and waterfalls. Tourists _____ the area since 1855, but it was not until 1890
that the US Congress made it into a park.

(a) are visiting   (b) visited
(c) will have been visiting   (d) have been visiting

시제 ⑤ 과거완료진행

지텔프 유형 공략하기

의미 (~해오고 있었다) 과거의 특정 시점 이전에 시작된 동작이 그때까지 계속 진행 중이었음을 나타낸다.

주어 + **had been** + **~ing** (+과거 시점이나 완료의 부사구/절)

Ted **had been doing** his homework **for two hours** before lunch.
테드는 점심 식사 전 두 시간 동안 숙제를 하고 있었다.

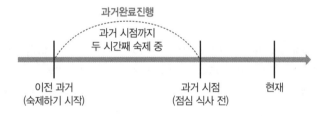

과거완료진행
과거 시점까지
두 시간째 숙제 중

이전 과거　　　　　　　　　　과거 시점　　　　현재
(숙제하기 시작)　　　　　　　(점심 식사 전)

용법 (1) 반드시 과거 특정 시점이 나오고 완료를 나타내는 시간 부사구가 함께 나온다.

He **had been waiting** <u>for an hour</u> <u>before the meeting started</u>.
　　　　　　　　　　　　　기간　　　　　　　　과거 특정 시점
그는 회의가 시작되기 전에 1시간 동안 기다려 오고 있었다.

Stella **had been studying** until her mom came home.
　　　　　　　　　　　　　과거 특정 시점인 동시에 ~까지라는 완료의 의미도 포함

엄마가 집에 올 때까지 스텔라는 공부하고 있었다.

(2) 과거완료진행은 다른 과거의 일과 항상 관련되어 있다.

Mark **had been studying** for a year when he took the entrance
exam. (First he studied. Then he took the exam)
마크는 입학 시험을 치를 때 1년 동안 공부를 해오고 있었다. ← 먼저 공부했고, 그리고 나서 시험을 치름

(3) 완료 시제에 쓰이는 부사구 + 과거 기준 시점:

두 조건을 만족시키면 과거완료진행 시제가 정답이 된다.

for over an hour when the pilot announced their safe approach to
　　　기간　　　　　　　　　　　　　과거 기준 시점

the Airport
기장이 공항에 안전한 접근을 알렸을 때 한 시간 넘게

for a year before the mayor finally acted on it
　　기간　　　　　　　　과거 기준 시점

마침내 시장이 조치를 취하기 전 1년 동안

for a week until the new product finally came out to the market
　　기간　　　　　　　　　　과거 기준 시점

last Monday
지난 월요일 신상품이 마침내 시장에 나올 때까지 일주일 동안

(4) 'When + 과거 시제절'과 함께 쓰일 때, 과거진행과 과거완료진행은 뜻이 다르게 쓰인다.

When the party began, it **was snowing** and the driveway was icy.
파티가 시작되었을 때, 눈이 오고 있었고 도로가 결빙되었다. ← 파티 동안 계속 눈이 내리고 있었다.

When the party began, it **had been snowing** and the driveway was icy.
파티가 시작되었을 때, 그 전에 눈이 내리고 있어서 도로가 결빙되었다.
← 파티 전부터 파티가 시작될 때까지 눈이 내렸고 그 이후에는 눈이 멈췄다.

만점 포인트　　**과거완료진행 시제에 쓰이는 시간 부사구 + 과거 특정 기준 시점**

시간 부사구: for + 시간명사

기준 시간 부사절: when + 과거 시제절, before + 과거 시제절, until + 과거 시제절

 보기를 보고 동사의 시제가 다양하게 나오면 시제 문제이다.

 보기의 다양한 시제 중 과거완료진행 시제가 있고, 본문 빈칸 앞뒤에 과거 기준 시점과 완료를 나타내는 시간 부사구나 절이 있는지 확인한다.

 동사 형태가 'had been + ~ing'인 보기를 선택한다.

Check

On January 15, 2009, Captain Chesley "Sully" Sullenberger safely landed US Airways Flight 1549 on the Hudson River, after a collision with a flock of geese took out both of the plane's engines shortly after takeoff from LaGuardia Airport. Thousands of people _____ his exploit **for over an hour**, on national television **when he finally confirmed the safety of 155 passengers and crew members**.

(a) watch
(b) had been watching
(c) have been watching
(d) will have watched

2009년 1월 15일, 체슬리 "설리" 설렌버거 기장은 라과디아 공항에서 이륙 직후 거위 떼와 충돌로 비행기 엔진 두 개가 모두 부서진 후 US 에어웨이 1549편 비행기를 허드슨 강에 안전하게 착륙시켰다. 그가 마침내 155명의 승객과 승무원의 안전을 확인했을 때, 수천 명의 사람들이 한 시간 넘게 국영 TV를 통해 그의 공적을 지켜보고 있었다.

정답 (b)

해설 보기에 동사 watch가 다양한 시제로 나왔으므로 시제 문제이다. 빈칸 앞뒤에 시간 부사구나 부사절을 확인한다. 빈칸 뒤에 완료 시제와 자주 쓰이는 부사구 'for over an hour'가 나왔고, 뒤에 기준 시점이 과거임을 알려주는 부사절 'when he finally confirmed the safety of 155 passengers and crew members.'가 나왔다. 과거를 기준 시점으로 하여, 과거 이전의 동작이 과거 시점까지 계속 진행 중임을 나타내므로 과거완료진행 시제인 (b) had been watching이 정답이다. 이렇게 기준 시점이 과거이면서 기간을 나타내는 시간 표현도 함께 나올 때, 과거완료진행 시제를 쓴다. 지텔프 시험에서 문법 파트의 시제 문제는 시간을 나타내는 부사나 부사구, 부사절 등이 나오는지 먼저 파악해서 시간 부사 표현과 어울리는 시제를 정답으로 골라야 한다.

어휘 land 착륙하다 collision 충돌 a flock of geese 거위 떼 take out ~을 파괴하다, 부수다 shortly after ~ 직후 takeoff 이륙 exploit 위업, 공적 confirm 확인하다 crew 승무원

Practice

01 Paula was dismayed when her son's pediatrician told her that she should be
기출 1회 giving him 5 ml of multivitamins instead of just 1 ml. She _____ her son the
wrong dosage for the past three months!

(a) gave

(b) had been giving

(c) will have given

(d) is giving

02 The passengers of Dragon Airways thanked the pilots and crew for landing them
기출 2회 safely in Bangkok, Thailand. A monsoon rain _____ for over an hour when
the pilot announced their safe approach to Suvarnabhumi Airport.

(a) poured

(b) had been pouring

(c) has been pouring

(d) will have poured

03 Public service seems to take a back seat until Election Day approaches. We
기출 3회 _____ about the potholes on our street for a year before the mayor finally
acted on it—two months before the elections.

(a) had been complaining

(b) complain

(c) will have been complaining

(d) have complained

04 At last, Matthew got the go-ahead for his minimalist design of a client's residence
기출 4회 in Manhattan. The client _____ all of his drafts before the last one was
finally accepted.

(a) had been rejecting

(b) was rejecting

(c) will reject

(d) has rejected

시제 **6** 미래완료진행

지텔프 유형 공략하기

의미 **(~해오고 있을 것이다)** 이전부터 진행되던 일이 미래의 어느 시점까지 계속 하고 있게 될 것을 나타낸다.

주어 + **will have been** + **~ing** (+기간 +미래 시점)

Kate **will have been studying** for three hours by lunchtime.
케이트는 점심 시간까지 세 시간 동안 공부를 하고 있을 것이다.

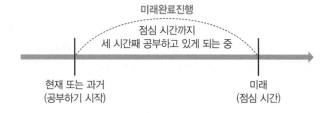

미래완료진행
점심 시간까지
세 시간째 공부하고 있게 되는 중

현재 또는 과거   미래
(공부하기 시작)   (점심 시간)

용법 (1) 주로 'by the time 주어+동사의 현재형' 또는 미래 시점 부사구와 함께 쓰인다. 미래완료진행 시제는 미래완료 시제에서 동작이나 행동을 강조하기 위해 사용된다.

Nora **will have been touring** across Asia <u>for three weeks</u>
                                                               기간

<u>by the end of next month</u>.
            미래 시점
노라는 다음 달 말이면 3주 동안 아시아를 여행하고 있게 될 것이다.

(2) 시간 부사절에서 go, come, arrive, leave, get 등 이동동사가 현재 시제로 쓰이면 미래의 의미를 나타낸다. 이런 경우에는 시간 부사절에 현재 시제가 쓰여도 기준 시점을 미래로 본다.

By the time her husband gets home, Sophie **will have been baking**
<u>미래 시점</u>
cookies **for several hours**.
<u>기간</u>
남편이 집에 올 때쯤이면 소피는 몇 시간째 쿠키를 굽고 있게 될 것이다.

(3) 미래완료진행 vs. 미래진행

① 미래완료진행
주로 시간의 길이를 포함하여 얼마나 오래 또는 자주 일어날 일인가에 초점을 둔다. 미래 시점과 기간을 나타내는 부사 표현이 함께 쓰일 때 미래완료진행 시제가 쓰인다.

The couple moved in this neighborhood in 2019. **By next year**, they
will have been residing there **for two years**.
그 부부는 2019년에 이 동네에 이사 왔다. 내년이면 그들은 2년 동안 거주하고 있는 것이 될 것이다.

② 미래진행
미래의 특정 시점을 나타내는 부사구(절)와 함께 쓰이면서 동작이 그 시점에 진행 중임을 나타낸다.

My next-door neighbor **will be moving** out of his condominium as early
as **next spring**.
내 옆집 이웃은 빠르면 내년 봄에 그의 콘도에서 이사하고 있을 것이다.

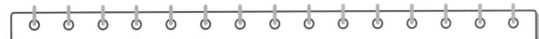

만점 포인트 | **미래완료진행 시제와 자주 쓰이는 부사구와 부사절**

기간을 나타내는 부사구: for + 시간명사
미래 특정 시점 부사구(절): by the time + 현재 시제절, when + 현재 시제절, by/in + 미래 시점

 보기를 보고 동사의 시제가 다양하게 나오면 시제 문제이다.

 보기에 미래완료진행 시제가 있고, 본문 빈칸 앞뒤에 기간을 나타내는 부사구와 미래 시점을 나타내는 구나 절이 모두 있는지 확인한다.

 동사 형태가 'will have been + ~ing'인 보기를 선택한다.

Check

Jenny is an amateur in astronomy. At the moment, she is contemplating billions of celestial objects visible in the nighttime sky. **By the time her night hobby ends at 2:30 a.m.**, she _____ the night skies **for several hours**.

(a) will be observing
(b) has observed
(c) will have been observing
(d) observes

제니는 취미로 천문학을 한다. 현재 그녀는 밤하늘에 볼 수 있는 수십억 개의 천체들을 생각하고 있다. 그녀의 밤 취미가 새벽 2시 30분에 끝날 때까지, 그녀는 몇 시간 동안 밤하늘을 관찰하고 있을 것이다.

정답 (c)

해설 보기에 동사 observe가 다양한 시제로 나왔으므로 시제 문제이다. 빈칸 앞뒤에 시간 부사구나 부사절을 확인한다. 빈칸 앞에 미래의 기준 시점을 나타내는 부사절 'By the time her night hobby ends at 2:30 a.m.'이 나왔고, 뒤에 기간을 나타내는 부사구 'for several hours'가 나왔다. 보기에서 이 두 조건을 만족시키는 미래완료진행 시제인 (c)가 정답이다. 'by the time+시간 부사절'에서 동사는 'ends'로 현재 시제가 쓰이고 있지만 시간 부사절에서는 현재 시제로 미래의 의미를 나타낸다. 이 문제에서 'by the time+시간 부사절'은 기준 시점을 나타내는데 미래의 의미를 나타내므로 여기서는 기준 시점이 미래임을 알 수 있다. 기준 시점이 미래이면서 기간을 나타내는 시간 부사구 'for+시간명사'가 나왔으므로 빈칸에 미래완료진행 시제가 적합하다.

어휘 astronomy 천문학   at the moment 지금   contemplate (곰곰이) 생각하다   billions of 수십억의   celestial object 천체   observe 관찰하다

01 Stuart and William, who have been close friends since high school, founded S+W
기출 1회 Shoes together. When they celebrate their store's anniversary in November, they
_____ high-quality footwear for twenty-five years.

(a) are selling

(b) will have been selling

(c) have been selling

(d) had sold

02 Harry will soon be promoted to senior vice president of sales. He's happy that
기출 2회 his years of hard work have paid off. By the time he receives his promotion, he
_____ for the company for 12 years.

(a) works

(b) has been working

(c) will have been working

(d) will work

03 Mr. Delaney insisted on painting their house himself. However, his wife would
기출 3회 rather have hired professional help—and for good reason. He _____ the
house for two months by next week, but with unimpressive results.

(a) will paint

(b) will have been painting

(c) painted

(d) is painting

04 Rachel's friends are coming over for dinner, and she is now preparing three
기출 4회 dishes by herself. By the time her guests arrive later, she _____ for over four
hours straight.

(a) will cook

(b) has been cooking

(c) will have been cooking

(d) had cooked

CHAPTER

2

가정법

시제	가정법	준동사	조동사	연결어	관계사	당위성 & 이성적 판단
6 문제	**6** 문제	**5** 문제	**2** 문제	**2** 문제	**2** 문제	**3** 문제

가정법 문제는 매회 6문제씩 가정법 과거 3문제, 가정법 과거완료 3문제가 규칙적으로 출제되고 있다.

시제 문제와 더불어 문법 문제에서 출제 비중이 제일 높은 유형이다.

규칙이 명확하여, 보기에 조동사가 나오면, 빈칸 앞뒤에 if절의 시제를 확인하여 가정법 과거나 가정법 과거완료
시제를 고르면 된다.

만점 포인트

첫째, 보기에 '조동사(would/should/could/might) + 동사원형 또는 have p.p.'가 나오면
가정법 문제이다.

둘째, if절의 시제가 과거형인지 과거완료(had p.p.)형인지 확인한다.

셋째, if절 시제가 과거이면, 빈칸에 'would/should/could/might + 동사원형'이 정답이고, if절
시제가 과거완료이면, 빈칸에 'would/should/could/might + have p.p.'가 정답이다.

가정법 가정법 과거

지텔프 유형 공략하기

의미 현재 사실을 반대로 돌려서 말할 때 사용한다.

> **If** + **주어** + **과거형 동사 ~,**
>
> **주어** + **would/should/could/might** + **동사원형 ~.**

용법 (1) 상대방에게 부정적인 표현 대신 긍정적으로 표현하기 위한 완곡 화법이다.

If she **had** enough money, she **would rent** a bigger apartment in the city for her parents.
그녀가 충분한 돈이 있다면, 그녀는 부모님을 위해 도시에 더 큰 아파트를 빌릴 것이다.
← 사실은 충분한 돈이 없어서 더 큰 아파트를 빌릴 수 없다는 것을 완곡하게 표현함

If he **were** truly sick, he **should see** a specialist right away.
그가 정말로 아프다면, 그는 즉시 전문의에게 진찰을 받아야 한다.

If I **had** the book, I **could write** the book report for tomorrow.
내가 그 책이 있다면, 내일을 위해 그 책의 독후감을 쓸 수 있을 텐데.
← 사실은 그 책이 없어서 독후감을 쓸 수 없다는 것을 완곡하게 표현함

If I **had** time off during winter, I **might visit** my family in the USA for the holidays.
내가 겨울에 쉬는 시간이 있다면, 휴가 때 미국에 있는 가족을 방문할지도 몰라.

(2) if절의 be동사는 주어와 상관없이 were를 쓴다.

If I **were** a millionaire, I **would quit** my job and do charity work in Africa.
내가 백만장자라면, 일을 그만두고 아프리카에서 자선사업을 할 텐데.

(3) if절에 were to는 가능성이 거의 없는 현재나 미래 사실에 대해 말할 때 사용한다.

If the clouds **were to** get more intense, it **would rain** torrentially for days.
만약 구름이 더 강해지면 며칠 동안 집중 호우가 쏟아질 것이다. (그러나 그럴 가능성이 희박하다.)

If I **were to** land a new job as CEO, I **could increase** my personal travel budget.
내가 CEO로 새 직장을 얻게 된다면, 개인 여행 예산을 늘릴 수 있을 텐데. (그러나 내가 CEO로서 새 직장을 얻게 될 가능성은 극히 낮다)

 if절에서 if가 생략되고 주어와 조동사가 도치된 문장이 있는 경우

(1) if절 동사가 일반동사인 경우: 주어와 did를 도치

If I knew her address, I **could send** her a basket of flowers.
➡ **Did I know** her address, I **could send** her a basket of flowers.
　내가 그녀의 주소를 안다면, 그녀에게 꽃바구니를 보낼 텐데.

If the professor knew what the students are doing right now, he **would get** upset for their lack of dedication.
➡ **Did the professor know** what the students are doing right now, he **would get** upset for their lack of dedication.
　그 교수가 학생들이 무엇을 하고 있는지 안다면, 그는 그들이 열심히 하지 않은 것에 화가 날 것이다.

(2) if절의 동사가 be동사 were인 경우 주어와 were를 도치

If I **were to** host the company's Christmas party, I **would** definitely **include** Eggnog and gift exchange.
➡ **Were I to** host the company's Christmas party, I **would** definitely **include** Eggnog and gift exchange.
　내가 회사의 크리스마스 파티를 주최한다면, 나는 에그노그와 선물 교환을 꼭 포함시킬 것이다.

If I **were** you, I **would take** part in the seminar.
➡ **Were** I you, I **would take** part in the seminar.
　내가 너라면, 나는 그 세미나에 참석할 것이다.

(3) Were it not for + 명사: ∼이 없다면

> **If it were not for** ∼, 주어 + would/should/could/might + 동사원형 ∼.
> ➡ **Were it not for** ∼, 주어 + would/should/could/might + 동사원형 ∼.
> ➡ **Without/But for** ∼, 주어 + would/should/could/might + 동사원형 ∼.

'if it were not for ∼'는 '∼이 없다면 (∼할 텐데.)'이라는 뜻으로, 이것의 도치 형태인 'Were it not for ∼' 또는 최고 난이도로 if절 대신 without이나 but for가 출제될 수 있다. without과 but for는 전치사(구)이므로 뒤에 명사형이 와서 시제가 없기 때문에 주절에는 가정법 과거와 가정법 과거완료 둘 다 쓰일 수 있다는 것을 꼭 알아 두어야 한다.

If it were not for the donations of NGOs, many children in Africa would not eat.

➡ **Were it not for** the donations of NGOs, many children in Africa would not eat.

➡ **Without** the donations of NGOs, many children in Africa would not eat.

➡ **But for** the donations of NGOs, many children in Africa would not eat.
NGO의 기부가 없다면, 아프리카의 많은 어린이들이 먹지 못할 것이다.

ⓒⓕ 전치사 without이나 but for는 전치사(구)이므로 시제가 나타나지 않기 때문에, without(but for)이 있는 문장은 가정법 과거뿐만 아니라 가정법 과거완료도 쓰일 수 있다.

Without(But for) the donations of NGOs, many children in Africa **would not have eaten**.
NGO의 기부가 없었다면, 아프리카의 많은 어린이들이 먹지 못했을 것이다.

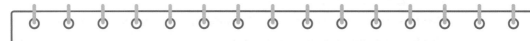

만점 포인트

 유형 파악
1. 빈칸이 있는 문장에 if절이 있으면 가정법 문제이다.
2. 빈칸이 있는 문장 처음이 'Did/Were + 주어'로 시작하면 가정법 문제이다.
3. 빈칸이 있는 문장 처음이 'Were it not for'로 시작하면 가정법 문제이다.

 단서 확인
1. if절의 동사가 과거이면 주절에서 가정법 과거 시제를 택한다.
2/3. 문장이 'Did+주어+동사원형'이나 'Were+주어'로 시작하면 가정법 과거이다.

 정답 선택
주절의 동사 형태가 'would/should/could/might + 동사원형'인 보기를 선택한다.

Check

For the past few months we have been ordering dinner online. The Chinese place downtown is one of the best available, but there aren't enough options to choose from. **If I were** the cook, I _____ the menu to attract more customers.

(a) would have diversified
(b) am diversifying
(c) had diversified
(d) would diversify

지난 몇 달 동안 우리는 온라인으로 저녁을 주문해오고 있다. 시내에 있는 중국 식당은 이용 가능한 최고의 장소 중 하나지만, 고를 수 있는 선택권이 충분하지 않다. 내가 그곳의 요리사라면 더 많은 손님을 끌기 위해 메뉴를 다양화할 것이다.

정답 **(d)**

해설 보기에 동사 diversify가 조동사와 다양한 시제로 나왔으므로 시제 문제 아니면 가정법 문제이다. 빈칸 앞에 if절이 있고, 가정법 be동사인 were가 나왔으므로 가정법 과거 문제이다. 가정법 공식에 따라 가정법 과거의 주절의 형태는 'would + 동사원형'이 쓰여야 한다. 보기 중 이 조건을 충족시키는 (d)가 정답이다. 가정법 문제는 지텔프 문법에서 가장 많이 출제되고 있는 유형이므로 빈칸 앞뒤에 if절이 나와 있다면, 십중팔구는 가정법 문제라고 판단할 수 있다. 이때, if절 안의 시제가 과거이면 가정법 과거이고, if절 안의 시제가 과거완료(had p.p.)이면 가정법 과거완료이다. 최근에 지텔프 가정법 문제에서, if절에 빈칸을 만든 문제들이 출제되는 경우도 있는데, 이때는 주어진 가정법 주절의 시제를 보고 이에 맞는 if절의 시제를 고르면 된다.

어휘 order 주문하다 available 이용 가능한 option 선택(권) choose from ~에서 선택하다 cook 요리사 diversify 다양화하다 attract 끌다 customer 고객, 손님

New Check

Every year, millions of children in poor countries lack the basic human needs of life. **Were it not for** the donations of wealthy economies and NGOs around the world, those children _____ hungry for days.

(a) had gone
(b) were going
(c) would go
(d) would have gone

매년 가난한 나라의 수백만 명의 어린이들은 삶에 기본적으로 필요한 것들이 부족하다. 전 세계의 부유한 국가들과 NGO의 기부가 없다면, 그 아이들은 며칠 동안 굶주릴 것이다.

정답 ▶ (c)

해설 ▶ 보기에 동사 go가 다양한 시제와 조동사로 사용되었으므로 시제 문제 아니면 가정법 문제이다. 빈칸 앞에 조건절 "Were it not for the donations of wealthy economies and NGOs around the world"가 있으므로 가정법 과거 문제이다. 따라서 주절은 'would/should/could/might + 동사원형'이 정답이다. 보기 중 이 조건을 충족시키는 것은 (c) would go이다.

최근에 조건절 "If it were not for the donations of wealthy economies and NGOs around the world"에서 접속사 if가 생략되고 주어와 조동사가 도치되는 경우인 "Were it not for the donations of wealthy economies and NGOs around the world" 같은 형태가 가정법의 새로운 유형으로 지텔프 문법 시험에 나오므로 잘 알아두어야 한다. 그리고 '~이 없다면'이라는 뜻을 나타내는 표현으로 'If it were not for ~'와 이것의 도치 구문인 'Were it not for ~' 뿐만 아니라 'Without ~'이나 'But for ~'가 출제될 수도 있다. 가정법 과거의 if절의 변형 형태를 숙지하고 있어야 빠르고 정확하게 이런 유형의 문제들을 풀 수 있다.

어휘 ▶ millions of 수백만의 lack ~이 부족하다 donation 기부 wealthy 부유한 economy (경제 주체로서의) 국가 NGO(Non-Governmental Organization) 비정부기구 go hungry 굶주리다

01 Harris runs regularly, but he doesn't pay attention to what he's eating. If he
기출 1회 were to prioritize eating healthier food, he _____ some of that weight he
frequently complains about.

(a) would lose
(b) will lose
(c) is losing
(d) would have lost

02 Yesterday, we went to the new pasta house in town. The spaghetti tasted great,
기출 1회 but there were only a few dishes to choose from. If I were to make the menu, I
_____ Ravioli and Risotto.

(a) would also have served
(b) am also serving
(c) had also served
(d) would also serve

03 To be successful at selling online, you should price your product carefully. Ask
기출 1회 yourself, "If the item belonged to someone else, and they were selling it to me,
how much _____ to pay for it?"

(a) would I be willing
(b) would I have been willing
(c) will I be willing
(d) had I been willing

04 The song "In My Life" reminds Martin of Grandma Ellie. They used to sing it
기출 2회 together during family gatherings. If only his grandmother were alive today, he
_____ her with the popular Beatles song.

(a) would still have serenaded
(b) will still serenade
(c) would still serenade
(d) is still serenading

05 Patrick is considering rescheduling his meeting with a client because he has a
기출 2회 bad case of the flu. If only he were feeling better, he _____ his proposal to his client as planned.

(a) would have presented

(b) is presenting

(c) would present

(d) will present

06 Grace's schedule has become hectic since her company started preparing to
기출 2회 launch a new product. She barely sees her friends anymore. If she were to free up some time, she _____ them on their movie dates.

(a) would join

(b) is joining

(c) will join

(d) would have joined

07 Bradley is secretly buying his mother a silver bracelet, even though she swore
기출 3회 she didn't want a birthday present. If she knew what he was doing right now, she _____ him for spending his hard-earned money.

(a) will scold

(b) would have scolded

(c) would scold

(d) has scolded

08 Michael is running a food truck that sells Angus beef burgers in Dewey Square.
기출 3회 He isn't entirely satisfied with his business, though. If he were to get more capital, he _____ a dine-in hamburger restaurant.

(a) has opened

(b) will open

(c) would have opened

(d) would open

09 The usually fashionable young pop singer Ada has chosen her own gown for the
기출 3회 red-carpet event: a baggy, unflattering orange dress. If her personal stylist were
to see her now, he _____ of her outfit.

(a) would certainly disapprove
(b) will certainly disapprove
(c) certainly disapproves
(d) would certainly have disapproved

10 Mr. Robinson has been complaining of chest pains for weeks now. If I were him,
기출 4회 I _____ to the doctor before things get any worse. He's getting older and
should be taking better care of his health.

(a) would go
(b) will go
(c) would have gone
(d) am going

11 Roy is hardworking, funny, and very smart. However, his thoughtless comments
기출 4회 often offend his coworkers. Perhaps he _____ if he were to learn how to
speak more tactfully.

(a) would have been more likable
(b) will be more likable
(c) would be more likable
(d) has been more likable

12 Although known for its discounts and low prices, P&F Store is losing customers
기출 4회 to nearby grocery stores because of its rude salespeople. If only its staff were
more courteous and helpful, customers _____ to shop there.

(a) would love
(b) would have loved
(c) will love
(d) love

가정법 가정법 과거완료

지텔프 유형 공략하기

의미 과거 사실을 반대로 돌려서 가정해서 말할 때 사용한다.

If + 주어 + had p.p. ~,

주어 + would/should/could/might + have p.p. ~.

용법 (1) 과거 사실과 반대되는 가정을 하여 안타까움과 아쉬움을 나타낸다.

If he **had persisted** longer, he **could have lost** more weight.
그가 더 오래 버텼더라면 살을 더 뺄 수 있었을 텐데. (아쉬움을 나타냄)

➡ As he didn't persist longer, he couldn't lose more weight.
그가 더 오래 버티지 않았기 때문에 그는 몸무게를 더 줄일 수 없었다. (과거의 사실)

If Cathy **had left** home earlier, she **wouldn't have missed** the train.
캐시가 더 일찍 집에서 출발했더라면, 그녀는 그 기차를 놓치지 않았을 것이다. (안타까움을 나타냄)

➡ As Cathy didn't leave home earlier, she missed the train.
캐시가 더 일찍 집에서 출발하지 않아서 그 기차를 놓쳤다. (과거의 사실)

(2) if절과 주절의 순서를 바꿀 수 있으며, if절이 먼저 오면 콤마(,)를 사용하고 뒤에 오면 콤마 없이 연결한다.

If he **had graduated** from medical school, he **would have become** a brilliant doctor.

➡ He **would have become** a brilliant doctor if he **had graduated** from medical school.
그가 의대를 졸업했다면 훌륭한 의사가 되었을 것이다.

(1) if절에서 if가 생략되고 주어와 조동사가 도치된 문장이 있는 경우

If I had known Cindy's new contact details, I **could have told** them to you.

➡ **Had I known** Cindy's new contact details, I **could have told** them to you.

내가 신디의 새로운 연락처를 알았다면, 너에게 그것을 알려줬을 텐데.

(2) if절이 있는 문장에서 주절이 제시되고 if절의 동사형을 고르는 경우

If he **had studied** harder, he **would have passed** the exam.

그가 더 열심히 공부했다면, 그는 그 시험에 합격했을 것이다.

(3) Had it not been for + 명사: ~이 없었다면

> **If it had not been for ~**, 주어 + would/should/could/might + have p.p. ~.
>
> ➡ **Had it not been for ~**, 주어 + would/should/could/might + have p.p. ~.
>
> ➡ **Without/But for ~**, 주어 + would/should/could/might + have p.p. ~.

If it had not been for her support, Jim **would have been** a college dropout.

➡ **Had it not been for** her support, Jim **would have been** a college dropout.

➡ **Without** her support, Jim **would have been** a college dropout.

➡ **But for** her support, Jim **would have been** a college dropout.

그녀의 후원이 없었더라면, 짐은 대학을 중퇴했을 것이다.

 만점 포인트

 유형 파악
1. 빈칸이 있는 문장에 if절이 있으면 가정법 문제이다.
2. 빈칸이 있는 문장 처음이 'Had + 주어 +p.p.'로 시작하면 가정법 문제이다.
3. 빈칸이 있는 문장 처음이 'Had it not been for'로 시작하면 가정법 문제이다.

 단서 확인
1. if절의 동사가 과거완료이면 주절에서 가정법 과거완료 시제를 택한다.
2/3. 문장에 'Had+주어+p.p.'나 'Had it not been for'가 쓰이면 가정법 과거완료이다.

 정답 선택
주절의 동사 형태가 'would/should/could/might + have p.p.'인 보기를 선택한다.

Check

The enthusiastic freshman at Stanford University, Jimmy Bird enrolled for the only Political Science course that still had a few available slots. Nonetheless, the adjunct professor was so critical of his performance that he barely passed. **If Jimmy had known**, he _____ his enrollment for another year.

(a) would have delayed   (b) will delay
(c) would wait   (d) had delayed

스탠포드 대학의 열성적인 신입생인 지미 버드는 아직 몇 명의 자리가 남아 있던 유일한 정치학 과정에 등록했다. 그럼에도 불구하고, 이 겸임교수가 그의 성적에 대해 너무 비판적이어서 그는 간신히 합격했다. 지미가 알았더라면 등록을 1년 더 미뤘었을 것이다.

정답 (a)

해설 보기에 동사 wait가 조동사와 다양한 시제로 나왔으므로 시제 문제 아니면 가정법 문제이다. 빈칸 앞에 if절이 있고, 과거완료 시제가 왔으므로 가정법 과거완료 문제이다. 가정법 공식에 의해 if절이 과거완료이면 주절은 'would/should/could/might + have p.p.'를 고르면 된다. 보기 중 이 조건을 충족시키는 (a)가 정답이다.

어휘 enthusiastic 열정적인   freshman (고등학교·대학교의) 신입생, 1학년생   enroll for (강좌, 과정)에 등록하다   slot 자리   nonetheless 그럼에도 불구하고   adjunct professor 겸임교수   critical 비판적인   performance 성적   barely 간신히   delay 연기하다   enrollment 등록

Jim and Alice are excited about their upcoming wedding ceremony in Cancun, Mexico. **Had it not been for** their internship at the same law firm two years ago, they _____ each other at all.

(a) had met   (b) were met
(c) wouldn't have met   (d) would met

짐과 앨리스는 멕시코 칸쿤에서 하게 될 다가올 결혼식에 대해 들떠 있다. 2년 전에 같은 로펌에서 인턴을 하지 않았다면, 그들은 서로 전혀 만나지 못했을 것이다.

정답 (c)

해설 보기에 동사 meet가 조동사와 다양한 시제로 나왔으므로 시제 문제 아니면 가정법 문제이다. 빈칸 앞에 조건절 "Had it not been for ~"가 있으므로 가정법 과거완료 문제이다. 따라서 빈칸에 'would/should/could/might + have p.p.'가 있는 보기인 (c)가 정답이다. 조건절 "Had it not been for ~"는 'If it had not been for'에서 접속사 if가 생략되고 주어와 조동사가 도치된 형태이다.

어휘 upcoming 다가오는   ceremony 예식   not ~ at all 전혀 ~가 아니다

01 Dan's client, for whom he is designing a website, is demanding more work than
기출 1회 he agreed to deliver. If he had known that the client was so difficult to work with,
he _____ the project.

(a) will not accept   (b) would not have accepted
(c) had not accepted   (d) would not accept

02 About a year ago, Joan started saving a third of her salary as a travel fund. If she
기출 1회 hadn't given up her daily mocha latte along with other luxuries, she _____
the Eiffel Tower last month.

(a) did not see   (b) would not have seen
(c) would not see   (d) had not seen

03 Monica was so embarrassed that she was late for her cousin's wedding in
기출 1회 Oklahoma. If she hadn't taken the wrong exit on the expressway, she _____
in time to witness her cousin walk down the aisle.

(a) would arrive   (b) was arriving
(c) would have arrived   (d) had arrived

04 Stephanie injured her arm badly when she fell out of a maple tree. If she had
기출 2회 listened to her mother's warning not to climb it, she _____ from an unstable
branch.

(a) was not falling   (b) had not fallen
(c) would not fall   (d) would not have fallen

05 Lara had no choice but to change into another dress after she accidentally
기출 2회 splattered coffee on herself. If she had been more careful, she _____ the
coffee all over her favorite dress.

(a) had not spilled   (b) was not spilling

(c) would not spill   (d) would not have spilled

06 Sophie, my five-year-old niece, went to the dentist's office for a toothache after
기출 2회 eating too much candy. If she hadn't eaten all those sweets, she _____ to
visit the dentist to have her teeth checked.

(a) was not needing   (b) would not have needed

(c) had not needed   (d) would not need

07 Clarisse missed getting a copy of Elinor Barton's latest novel and bought the
기출 3회 e-book version instead. A paperback enthusiast, she _____ the printed
copy if she had known it was going to sell out so quickly.

(a) would have pre-ordered   (b) will be pre-ordering

(c) had pre-ordered   (d) would pre-order

08 Jeffrey ignored his leaky bathroom sink for several months and came home
기출 3회 one day to find his apartment flooded. If he had fixed the leak earlier, his home
_____ the serious water damage.

(a) would be spared   (b) had been spared

(c) is spared   (d) would have been spared

09 The Romans influenced many European cultures for hundreds of years. Had it
기출 3회 not been for their rule, the so-called Romance-speaking countries, including Italy,
France, and Spain, _____ completely different languages.

(a) had developed
(b) were developing
(c) would have developed
(d) would develop

10 Sarah failed her history exam because she accidentally left an entire page
기출 4회 unanswered. She missed a total of 20 questions, as a result. If she had double-
checked her exam papers, she _____ the test.

(a) would pass
(b) would have passed
(c) will be passing
(d) had passed

11 My parents grew up in San Francisco, but they met in Chicago. I've always
기출 4회 thought of it as an odd twist of fate. If they hadn't both gone to work in Chicago
after college, I _____!

(a) had not been born
(b) would not be born
(c) will not be born
(d) would not have been born

12 Knightley Corp. had been the leading communications technology firm until its
기출 4회 sales began to decline 10 years ago. If the company had focused on innovation,
it _____ its market share to other technology companies.

(a) would not lose
(b) was not losing
(c) had not lost
(d) would not have lost

시제	가정법	준동사	조동사	연결어	관계사	당위성 & 이성적 판단
6 문제	**6** 문제	**5** 문제	**2** 문제	**2** 문제	**2** 문제	**3** 문제

준동사 문제는 매회 평균 5문제씩 동명사 3문제, to부정사 2문제가 출제되고 있다. 보기에 동명사와 to부정사가 나오기 때문에 동명사나 to부정사와 함께 쓰이는 표현을 알아두면 된다.

만점 포인트

첫째, 보기에 동명사와 to부정사가 나오면 준동사 문제이다.

둘째, 빈칸 앞의 동사가 동명사를 목적어로 취하는 동사인지 to부정사를 목적어로 취하는 동사인지를 확인한다.

셋째, 보기에 완료동명사, 완료to부정사, 진행to부정사는 오답이고 단순동명사나 단순to부정사가 정답이 된다.

넷째, 빈칸 앞에 동사가 아닌 다른 품사가 오면, to부정사의 부사적 용법이나 형용사적 용법이다. 지텔프에서는 to부정사의 부사적 용법 중 목적을 나타내는 문제가 자주 출제된다.

다섯째, 동명사나 to부정사를 목적어로 취하는 동사와 to부정사의 다양한 용법을 암기해 둔다.

준동사  동명사

지텔프 유형 공략하기

의미 동사원형에 ing를 붙여서 '~하기, ~하는 것'의 뜻으로 쓰이며 명사의 역할을 한다.

$$\boxed{\text{동사원형}} + \boxed{\text{~ing}}$$

동명사는 이미 해오던 것을 중단(finish, stop, quit, give up)하거나 습관적인 동작(enjoy, keep, practice, advocate, adore, risk, consider)이나 회피하는 동작(escape, avoid, postpone, delay, mind), 예전에 했던 행위를 인정하거나 부인하는 것(admit, deny)을 나타낼 때 사용된다. 동명사는 이미 일어난 사건들 즉, 실제 일어난 사건을 나타낸다. 반면 to부정사는 아직 일어나지 않은 미래의 사건들 즉, 실제 일어나지 않은 사건을 나타낸다.

용법 (1) 동명사는 동사의 기능을 가진 상태로 명사의 역할(주어, 목적어, 보어)을 한다.

① 문장의 주어

Drinking alcohol on medication can risk worsening the illness.
약물 치료 중에 술을 마시는 것은 병을 악화시킬 위험이 있다.

② 동사의 목적어

We always try to **avoid getting** speeding tickets along the highway by slowing down whenever we get close to each of the six cameras that have been placed along the stretch of road.
우리는 도로를 따라 설치된 6대의 카메라에 가까이 갈 때마다 속도를 늦춤으로써 항상 고속도로에서 과속 딱지를 떼는 것을 피하려고 노력한다.

People need to be cautious about non-health professionals and websites that **advocate using** treatments that do not have any scientific evidence or FDA approval as a medical treatment.
사람들은 의학 치료로서 어떠한 과학적 증거나 FDA 승인이 없는 치료법 사용을 옹호하는 비보건 전문가와 웹사이트에 대해 주의해야 한다.

③ 형용사의 목적어

The witness thought certain details weren't **worth mentioning** to the police because they looked unimportant.

그 증인은 그것들이 중요하지 않게 보여서 경찰에게 특정 세부 사항들을 언급할 가치가 없다고 생각했다.

④ 전치사의 목적어

The office manager is used **to dealing** with difficult clients.

그 사무장은 까다로운 고객들을 다루는 데 익숙하다.

(2) 동명사를 목적어로 취하는 동사

> finish(끝내다), stop(그만두다), quit(그만두다), give up(그만두다), escape(피하다), avoid (피하다), postpone(연기하다), delay(미루다), mind(꺼리다), enjoy(즐기다), keep(유지하다), practice(연습하다), advocate(옹호하다), risk(~의 위험을 무릅쓰다), consider(고려하다), admit(인정하다), deny(부인하다), insist(주장하다), resist(참다), dislike(싫어하다), discontinue(중단하다), be worth(~할 가치가 있다), feel like(~하고 싶다), anticipate (기대하다), advise(충고하다), discuss(토론하다), mention(언급하다), recommend(추천하다), involve(포함하다), miss(놓치다), suggest(제안하다), recall(기억해내다)

(3) 동명사와 부정사 모두 목적어로 취하는 동사

> forget(잊다), remember(기억하다), begin(시작하다), start(시작하다), continue(계속하다), cease(중단하다), dread(무서워하다), like(좋아하다), love(사랑하다), neglect(무시하다), prefer(선호하다), regret(후회하다)

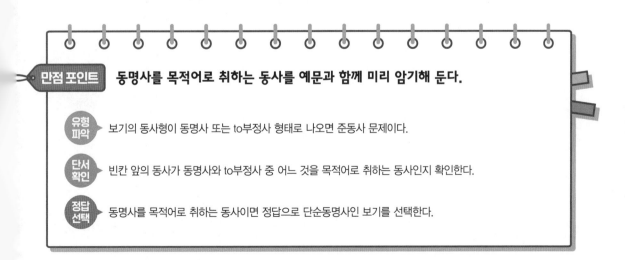

만점 포인트 **동명사를 목적어로 취하는 동사를 예문과 함께 미리 암기해 둔다.**

유형 파악 보기의 동사형이 동명사 또는 to부정사 형태로 나오면 준동사 문제이다.

단서 확인 빈칸 앞의 동사가 동명사와 to부정사 중 어느 것을 목적어로 취하는 동사인지 확인한다.

정답 선택 동명사를 목적어로 취하는 동사이면 정답으로 단순동명사인 보기를 선택한다.

Check

The Alps are the highest and most extensive mountain range system that lies entirely in Europe, stretching approximately 1,200 km across eight Alpine countries. If you are a snow sports buff, you might **enjoy** _____ your options before you settle in one specific region.

(a) to explore
(b) exploring
(c) to be exploring
(d) having explored

알프스 산맥은 8개의 알프스 국가에 걸쳐 약 1,200 킬로미터에 뻗어 있는, 전체적으로 유럽에 있는 가장 높고 광범위한 산맥 체계이다. 만약 당신이 스노우 스포츠 마니아라면, 특정 지역을 결정하기 전에 선택지를 탐구하는 것을 즐길지도 모른다.

정답 (b)

해설 보기에 동사 explore가 준동사 형태로 나왔으므로 준동사 문제이다. 동사 enjoy는 일반적이고 습관적인 행위를 뜻하는 '~하는 것을 즐기다'라는 의미이며, 동명사를 목적어로 취한다. 보기 중 단순 동명사 (b) exploring과 완료 동명사 (d) having explored가 있다. 단순 동명사는 주절의 본동사의 시제와 동일한 시제를 나타낼 때 쓰이고, 완료 동명사는 주절의 시제보다 더 앞서는 과거를 나타낼 때 쓰인다. 지문에서 주절의 본동사 enjoy가 나타내는 시제와 동명사가 나타내는 시제가 동일하므로 단순 동명사 (b)가 정답이다. G-TELP 시험에서 준동사 중 진행준동사나 완료준동사는 정답인 경우가 거의 없다는 것에 유의해야 한다.

어휘 extensive 광범위한 mountain range 산맥 entirely 전적으로 stretch 뻗다 approximately 대략 buff 마니아, 애호가 explore 탐구하다, 탐험하다 settle on ~을 결정하다 specific 특정한 region 지역

01 Choking happens when an airway gets blocked and the person cannot breathe
기출 1회 properly. If the blockage is minor, the person should be encouraged to keep
_____ until the blockage is cleared.

(a) coughing   (b) to have coughed
(c) having coughed   (d) to cough

02 Coffee connoisseurs say that only fresh beans can be used to make the perfect
기출 1회 cup of coffee. They recommend _____ just a seven-day supply of beans,
which can be stored in an airtight jar for maximum freshness.

(a) to buy   (b) having bought
(c) buying   (d) to be buying

03 Snail slime is a mucus with plenty of nutrients that protect the snail's skin from
기출 1회 drying out. Because of its hydrating properties, skincare experts advocate
_____ snail slime in products such as facial masks and moisturizers.

(a) to be using   (b) to use
(c) having used   (d) using

04 Tourists come to Wallberg Mountain in Germany during the winter to participate
기출 2회 in winter sports such as skiing and snowboarding. Many of them also enjoy
_____ down the mountain trails.

(a) to sled   (b) sledding
(c) to be sledding   (d) having sledded

05 Caring for your teeth properly is important in achieving good grooming and
기출 2회 overall health. You should thoroughly clean each section of your mouth.
Moreover, you should practice _____ your teeth after every meal.

(a) brushing
(b) to brush
(c) having brushed
(d) to have brushed

06 Although going on international tours is an expensive hobby, many people think
기출 2회 it's worth spending the money to pursue their passion. They adore _____
abroad to see scenic spots and experience other cultures.

(a) traveling
(b) to travel
(c) having traveled
(d) to be traveling

07 When helping accident victims, don't lift or move them even if they aren't feeling
기출 3회 any pain. Any movement can risk _____ a possible injury. Instead, make the
victim comfortable while waiting for an ambulance.

(a) to worsen
(b) to be worsening
(c) having worsened
(d) worsening

08 Whenever Francine's sales team lags behind in performance, she assumes all
기출 3회 responsibility for it. She doesn't mind _____ all the blame, because her
team's failure only means she isn't leading them well enough.

(a) to take
(b) taking
(c) to be taking
(d) being taken

09 I know I gave you little time to prepare last quarter's financial report. But have
기출 3회 you finished _____ this month's income and expenses? We could at least
present those figures at the meeting tomorrow.

(a) to have balanced
(b) balancing
(c) having balanced
(d) to balance

10 A new weight loss magazine called Veggies and Mindsets was recently launched.
기출 4회 The magazine advises _____ psychological factors that contribute to
overeating as a way to change one's unhealthy habits.

(a) having analyzed
(b) to analyze
(c) analyzing
(d) to have analyzed

11 During the winter season, people can take simple safety measures to protect
기출 4회 themselves against the cold. One of the easiest methods to keep warm during
winter involves _____ several layers of loose clothing.

(a) to wear
(b) having worn
(c) wearing
(d) to be wearing

12 Tina spent much of her algebra class daydreaming and doodling in her notebook.
기출 4회 She'd rather dissect a frog than learn algebra. She does not consider _____
polynomials to be very fun.

(a) to multiply
(b) multiplying
(c) to have multiplied
(d) having multiplied

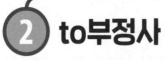

Chapter 3

준동사 ② to부정사

지텔프 유형 공략하기

의미 동사 앞에 to를 붙여서 아직 실현되지 않음, 구체성, 일시성, 미래지향적인 일(미래에 해야 할 일, 미래에 대한 소망)을 나타낼 때 사용한다.

$$ \text{to} \; + \; \text{동사원형} $$

to부정사는 문장에서 3가지 역할을 한다. 첫째, 명사적 용법으로 문장의 주어나 목적어, 보어 역할을 한다. 둘째, 형용사적 용법으로 명사 뒤에서 앞에 있는 명사를 수식한다. 셋째, 부사적 용법으로 문장이나 동사, 형용사, 부사를 수식한다.

용법 (1) 명사로서 주어, 목적어, 보어 자리에 온다.

주어: It is great **to eat** with family members.
가족과 식사하는 것은 좋다.
➡ 주어로 쓰일 때는 가주어 it이 문장 앞에 오고 진주어로 to부정사가 뒤에 오는 형태를 취하는 경우가 많다.

목적어: Jack and Amy want **to go** to the movies.
잭과 에이미는 영화 보러 가길 원한다.

보어: Bill's dream is **to be** a movie director.
빌의 꿈은 영화 감독이 되는 것이다.

(2) 형용사로서 명사나 대명사를 뒤에서 꾸며준다.

대명사 수식: I need **something to drink** because I am so thirsty.
나는 너무 목말라서 마실 것이 필요하다.

명사 수식: Cindy had no **pen to write with**, so she borrowed one from Tony.
신디는 쓸 펜이 없어서 토니에게 펜 하나를 빌렸다.

(3) 부사로서 동사나 형용사를 수식하는 역할을 하며, 목적, 원인, 결과, 판단의 근거 등을 뜻한다.

목적: They came here **to help** people in need.
그들은 어려움에 처한 사람들을 돕기 위해 여기 왔다.

원인: Jenny was very happy **to see** me again.
제니는 나를 다시 만나서 매우 기뻐했다.

결과: She grew up **to be** a well-known actress.
그녀는 자라서 유명한 배우가 되었다.

판단의 근거: Linda is very smart **to solve** the math problem.
린다가 그 수학 문제를 풀다니 정말 똑똑하다.

(4) to부정사를 목적어로 취하는 동사

> **계획/결정:** plan(계획하다), mean(의도하다), determine(결정하다), decide(결심하다), choose(선택하다), hesitate(망설이다), attempt(시도하다)
>
> **소망/기대:** wish(소망하다), hope(희망하다), want(원하다), expect(기대하다), long(갈망하다), care(~하고 싶다), need(필요로 하다), promise(약속하다), pretend(~인 체하다), aim(목표로 하다), desire(바라다)
>
> **동의/거절:** agree(동의하다), refuse(거절하다)

My teacher said that if we **wanted to stay** focused during a test, we should eat a few candies every 20 minutes during the test period.
선생님은 우리가 시험 기간 동안 집중하고 싶다면, 20분마다 몇 개의 사탕을 먹어야 한다고 말했다.

The coach **attempted to improve** the physical endurance of the athletes by having them run around the track until they collapsed from exhaustion.
그 감독은 선수들이 지쳐서 쓰러질 때까지 트랙을 뛰어다니게 함으로써 체력을 향상시키는 것을 시도했다.

Despite getting visual evidence of a strange image in one of the empty rooms, the skeptic **found it** hard **to believe** that the evidence was paranormal in nature.
빈 방들 중 하나에서 이상한 이미지의 시각적 증거를 얻었음에도 불구하고, 회의론자들은 그 증거가 본질적으로 불가사의하다는 것을 믿는 것이 어렵다고 생각했다.

*find + it(가목적어) + hard/easy/difficult + to부정사(진목적어): ~하는 것이 어렵다/쉽다/어렵다고 생각하다

(5) to부정사를 목적격보어로 취하는 동사: 동사 + 목적어 + 목적격보어(to부정사)

> allow(허락하다), encourage(격려하다), invite(초대하다), permit(허락하다), require
> (요구하다), ask(요구하다), convince(설득하다), expect(기대하다), persuade(설득하다),
> tell(말하다), warn(경고하다), cause(야기하다), enable(가능하게 하다), force(강요하다),
> order(명령하다), urge(촉구하다)

Mr. Smith **allowed** me **to stay** here for a week.
스미스 씨는 내가 여기에서 일주일 동안 머무는 것을 허락해 주었다.

Their support **enabled** us **to overcome** our financial crisis.
그들의 지원은 우리가 재정적 위기를 극복하는 것을 가능하게 했다.

(6) 준동사를 목적어로 취할 때 유의할 동사들

try는 to부정사와 동명사 둘 다 목적어로 취할 수 있지만, 비슷한 의미의 attempt는 to부정사만
을 목적어로 취한다. 또한 like와 continue도 목적어로 to부정사와 동명사를 모두 취할 수 있지만,
dislike와 discontinue는 동명사만을 목적어로 취할 수 있다.

만점 포인트 **to부정사를 목적어로 취하는 동사를 예문과 함께 미리 암기해 둔다.**

주로 미래에 일어날 일에 대한 결정(decide), 약속(promise), 계획(plan) 등의 동사들이 자주 출제된다.

 보기의 동사형이 동명사 또는 to부정사 형태로 나오면 준동사 문제이다.

 1. 빈칸 앞에 바로 동사가 있으면 to부정사를 목적어로 취하는 동사인지 확인하다.
2. 빈칸 앞에 동사가 아닌 명사, 대명사, 형용사, 부사 등이 오면 to부정사의 형용사적 용법이나 부사적 용
법이다. 지텔프에서는 부사적 용법 중 목적을 나타내는 문제가 자주 출제된다.

 보기에서 단순to부정사를 정답으로 선택한다.

Check

Dart-throwing is often a competitive sport. It is played by two or more players who bare handedly **attempt** _____ small sharp-pointed missiles known as darts at a round target called a dartboard.

(a) throwing
(b) to have thrown
(c) to throw
(d) having thrown

다트 던지기는 자주 경기용 스포츠이기도 하다. 다트라고 알려진 작고 뾰족한 미사일(다트)을 맨손으로 다트보드라고 불리는 둥근 표적에 던지는데 두 명 이상의 선수들이 게임을 한다.

정답 **(c)**

해설 보기에 동사 throw가 준동사 형태로 나왔으므로 준동사 문제이다. 빈칸 앞에 있는 동사가 동명사를 목적어로 취하는 동사인지 to부정사를 목적어로 취하는 동사인지 확인한다. 빈칸 앞에 동사 attempt는 '~하는 것을 시도하다'라는 뜻으로 to부정사를 목적어로 취하므로 (c)가 정답이다.

어휘 competitive sport 경기용 스포츠   bare handedly 맨손으로   attempt 시도하다   sharp-pointed 뾰족한   missile 던지는 물체

The merger between two of the biggest entertainment companies in Hollywood **is expected** _____ billions of dollars and provide thousands of jobs for Californians in the movie industry. Consequently, the governor of California has high expectations for the economy of his state.

(a) to generate
(b) generating
(c) to be generating
(d) having generated

할리우드에서 가장 큰 연예 기획 회사인 두 회사의 합병은 영화 산업에서 수십억 달러를 창출하고 캘리포니아 사람들에게 수천 개의 일자리를 제공할 것으로 예상된다. 결과적으로 캘리포니아 주지사는 캘리포니아 주의 경제에 큰 기대를 걸고 있다.

정답 **(a)**

해설 보기에 동사 generate가 준동사 형태로 나왔으므로 준동사 문제이다. 빈칸 앞에 동사 expect는 '(미래에 ~할 것을) 기대하다'라는 의미로써 목적어로 to부정사를 취하거나, 목적격보어로 to부정사를 취하는 동사이다. 본문에서는 목적어가 수동태가 되어 주어 자리로 이동한 문장으로 목적격보어로 to부정사가 사용되어야 하므로 (a)가 정답이다.

어휘 merger 합병   entertainment 연예, 오락   generate 창출하다   provide A for B B에게 A를 제공하다   industry 산업   consequently 결과적으로   governor 주지사   expectation 기대

Practice

01 With December fast approaching, retail stores are getting ready for the holiday
기출 1회 season. Just this morning, Bradford's Department Store announced that it plans
_____ at least 80,000 seasonal workers to handle the Christmas rush.

(a) hiring
(b) to have hired
(c) having hired
(d) to hire

02 Etiquette dictates that drivers also show courtesy when parking. When a car is
기출 1회 pulling out of a space, you should wait nearby and turn on your hazard signal
_____ others know you are claiming the space.

(a) having let
(b) letting
(c) to let
(d) to have let

03 Kelly's skin got irritated after using a scented lotion. Now, she has a rash
기출 2회 covering parts of her body. Since discovering that she is allergic to the product,
she has decided _____ using it.

(a) to be discontinuing
(b) having discontinued
(c) to discontinue
(d) discontinuing

04 A study showed that sniffing rosemary, an aromatic herb, may increase a
기출 2회 person's alertness and improve memory. If you want _____ sharp during a
test or a presentation, try smelling rosemary oil beforehand.

(a) staying
(b) to be staying
(c) to stay
(d) having stayed

05 Ralph heard mysterious scratching noises coming from his front porch late last

기출 3회 night. He went outside very cautiously _____, only to learn that it was just his dog wanting to get inside the house.

(a) investigating

(b) to investigate

(c) to have investigated

(d) having investigated

06 Hillary is upset that she won't be Suzette's maid of honor at her wedding. She

기출 3회 finds it hard _____ that despite their closeness all these years, she isn't Suzette's best friend after all!

(a) having believed

(b) to have believed

(c) to believe

(d) believing

07 Last month, ZYB Corporation announced that it would be splitting up into two

기출 4회 new companies by December. The change is expected _____ $2.4 billion in savings for each of the companies over the next three years.

(a) to deliver

(b) delivering

(c) to be delivering

(d) having delivered

08 Cycle-ball is a sport that combines football and motorcycling. It is played by

기출 4회 two players riding around a court and attempting _____ a ball into their opponents' goal, using the bikes' front wheels.

(a) shooting

(b) to have shot

(c) to shoot

(d) having shot

CHAPTER

4

조동사

can, will, must, should

시제	가정법	준동사	조동사	연결어	관계사	당위성 & 이성적 판단
6 문제	**6** 문제	**5** 문제	**2** 문제	**2** 문제	**2** 문제	**3** 문제

조동사 문제는 매회 2문제가 출제된다.

지텔프 시험에서는 의미와 기능이 명확한 can(능력, 가능성), will(미래, 의지), must(필수, 의무, 확실한 가능성), should(충고, 권유, 의무)가 주로 출제되고 있다.

만점 포인트

첫째, 보기에서 조동사가 나오고, can, will, must, should가 있는지 확인한다.

둘째, 보기에 네 개의 조동사 중 하나만 나오면 그 조동사가 정답이다.

셋째, 4개 중 두 개 이상 나오면 빈칸 앞뒤 문장에 보기의 조동사를 하나씩 대입해서 가장 자연스럽게 해석되는 것을 선택하면 된다.

Chapter 4

조동사 – can, will, must, should

지텔프 유형 공략하기

의미 조동사는 동사 원형과 함께 사용되며, 가능, 의지, 능력, 허가, 의무 등의 뜻을 동사에 더해준다.

용법 ### (1) can (능력, 가능성)

can과 be able to는 능력이나 가능성에 대해 말할 때 사용된다. can은 '할 수 있다'라는 측면을 강조하여 문맥상 일어날 가능성이 높을 때 사용되고, be able to는 현재, 과거와 미래에 대한 가능성과 실제 있었던 것을 표현할 때 사용된다.

① 현재: can / be(am, are, is) able to

He **can** speak three languages including English.

= He **is able to** speak three languages including English.
그는 영어를 포함하여 세 개의 언어를 말할 수 있다.

② 과거: could / was(were) able to

Ed **could** play tennis when he was ten years old.
에드는 10살 때 테니스를 칠 수 있었다.

Mark **was able to** win medals in local swimming competitions.
마크는 지역 수영대회에서 메달을 딸 수 있었다.

She **couldn't** win the debate competition last semester.
그녀는 지난 학기에 토론 대회에서 우승하지 못했다.

She **wasn't able to** argue one point during the debate.
그녀는 토론 중에 하나의 주장도 할 수 없었다.

③ 미래: will be able to

By August he **will be able to** complete the marketing research class.
8월까지 그는 마케팅 리서치 수업을 마칠 수 있을 것이다.

By September he **will be able to** earn his engineering degree.
9월까지 그는 공학 학위를 취득할 수 있을 것이다.

(2) will (단순 미래, 의지)

will은 단순히 미래의 일을 나타내거나 미래에 대한 주어의 의지를 나타낼 때 사용된다.

① 단순 미래

The dark clouds in the sky mean that it **will** rain soon.
하늘에 있는 검은 구름은 곧 비가 올 것임을 뜻한다.

② 주어의 의지

I **will** do my best to pass the exam.
나는 시험에 합격하기 위해 최선을 다할 것이다.

I don't think I'**ll** go out tonight because I have to do my homework.
숙제를 해야 하기 때문에 오늘밤에는 나가지 않을 것 같다.

A: What would you like to drink?
뭐 마실래요?

B: I **will** have a cup of coffee, please.
커피 마실게요.

③ will vs. be going to

will은 발화 당시 결정된 것을 말할 때 사용하고, be going to는 이미 결정된 사항을 말할 때 사용한다.

I'**ll** meet Alice this weekend. ← 바로 결정한 것을 말하는 것

I'**m going to** meet Alice this weekend. ← 만나는 것이 이미 결정된 후 말하는 것
나는 이번 주말에 앨리스를 만날 것이다.

(3) must (필수, 의무, 확실한 추측)

① 주로 필수나 의무의 뜻으로 사용되며 확실한 추측의 의미로도 출제되고 있다.

Everyone **must** do a medical check-up tomorrow.
내일 모두 건강검진을 받아야 한다. (필수)

To get a good grade, you **must** submit your assignment on time.
좋은 점수를 받으려면 과제를 제때 제출해야 한다. (의무)

He **must** be tired after a long travel.
그는 긴 여행 후에 분명히 피곤함에 틀림없다. (확실한 추측)

Kate is turning off the computer and organizing her desk. She **must** be getting off work.
케이트는 컴퓨터를 끄고 책상을 정리하고 있다. 그녀는 퇴근하고 있는 게 틀림없다. (확실한 추측)

② 의무의 의미로 가끔 have to나 have got to도 출제된다.

Everyone **has to** learn math before graduating from middle school.
모든 사람은 중학교를 졸업하기 전에 수학을 배워야 한다.

She **has got to** speak more slowly. I'm afraid she's going to be misunderstood.
그녀는 좀 더 천천히 말해야 한다. 나는 그녀가 오해받을까 봐 걱정이 된다.

③ must not vs. don't have to

You **must not** park here. (You can't park here. It's not allowed.)
여기에 주차하면 안 된다. (여기에 주차할 수 없다. 그것은 허용되지 않는다.)

You **don't have to** wash the dishes. (It isn't necessary for you to wash the dishes.)
설거지는 안 해도 된다. (설거지를 할 필요가 없다.)

(4) should (충고, 권유, 의무)

다양한 뜻이 있으나 지텔프 문법에서는 주로 충고나 권유의 의미로 출제된다.

If you have insomnia, you **should** probably avoid coffee late at night.
불면증이 있다면 늦은 밤 커피는 피해야 할 것이다.

Parents **should** support their children as much as possible.
부모들은 가능한 한 자녀들을 부양해야 한다.

When you cross a busy street, you **should** be careful.
번잡한 길을 건널 때는 조심해야 한다.

만점 포인트

 유형파악 보기에 다양한 조동사가 나오면 조동사 문제이다.

 단서확인 빈칸 앞뒤를 중심으로 보기의 조동사를 대입해서 해석해 본다. 보기에 거의 출제가 되지 않아서 정답이 될 가능성이 낮은 조동사(may, might, shall)는 제외하고, 의미가 확실한 조동사(can, will, must, should)에 집중한다.

 정답선택 앞뒤 문맥을 중심으로 가장 자연스럽게 해석되는 조동사를 정답으로 선택한다.

Check

Desert plants have a variety of mechanisms for obtaining the water needed for survival. Some plants, such as the cactus, _____ store large amounts of water in their leaves or stems. After a rainfall, these plants absorb a large supply of water to last a while.

(a) will   (b) may
(c) would   (d) can

사막 식물은 생존에 필요한 물을 얻기 위한 다양한 메커니즘을 가지고 있다. 선인장과 같은 몇몇 식물들은 잎이나 줄기에 많은 양의 물을 저장할 수 있다. 비가 온 후에, 이 식물들은 한동안 버티기 위해 많은 양의 물을 흡수한다.

정답 (d)

해설 보기에 다양한 조동사가 나왔으므로 조동사 문제이다. 빈칸 앞뒤를 중심으로 해석하여 보기에 있는 조동사를 하나씩 대입해서 자연스러운 것을 고르면 된다. 지텔프 문법에서 조동사가 문제로 출제될 때에는 의미가 명확한 조동사(will, can, should, must)가 나오기 때문에 보기에서 빈출 조동사인 will과 can으로 정답을 좁혀서 빈칸에 넣어보고 의미와 흐름상 적합한 조동사를 골라야 한다. 해석에서 '사막 식물의 생존에 물을 얻기 위한 다양한 메커니즘을 가지고 있다.'와 빈칸 뒤의 문장에서 '선인장과 같은 식물들은 잎이나 줄기에 많은 양의 물을 저장할 수 있다.'가 가장 자연스러우므로 빈칸에는 '~할 수 있다'는 가능의 뜻을 가진 조동사 can이 적합하다. 따라서 정답은 (d)이다.

오답 분석 (a) will : ~할 것이다(미래, 의지)
        (b) may : ~할지 모른다(추측)
        (c) would : ~하곤 했다(과거의 습관)

어휘 a variety of 다양한   mechanism 메커니즘, 작동 방식   obtain 얻다   survival 생존   cactus 선인장   large amounts of 많은 양의   stem 줄기   rainfall 강우량, 비가 옴   absorb 흡수하다   a large supply of 많은 (비축)양의   last 지속하다, 버티다   a while 한동안

Practice

01 In celebration of Earth Science Week, the school is hosting an essay writing
기출 1회 contest with the theme "Caring for Our Geo-heritage." Essays _____ be
submitted to the science department before the 21st of October.

(a) could (b) might
(c) would (d) must

02 Around 11% of the 2.3 million couples marrying in the US each year marry in
기출 1회 June, the most popular wedding month. This means that every single day next
June, roughly 8,400 couples say "I _____ do."

(a) may (b) can
(c) will (d) must

03 A credit card company announced the launch of a security application to protect
기출 2회 customers who purchase things online. It's a mobile app that _____ use
facial and fingerprint scans instead of passwords to access an account.

(a) could (b) may
(c) should (d) will

04 Silver Lot Software recently released a mobile program that searches for cheaper
기출 2회 parking spaces in different cities. With this new application installed, users
_____ reserve a parking space anywhere, whenever they want.

(a) can (b) will
(c) should (d) would

05 Aunt Nona likes her pork very tender and juicy. To make sure that this batch will
기출 3회 be to her liking, she _____ let it stew at a low heat for at least an hour.

(a) could   (b) can
(c) would   (d) will

06 We are very strict with the way visitors interact with the animals exhibited in
기출 3회 this zoo. For one, you _____ not touch the tarsiers because they are very
sensitive creatures that easily get stressed.

(a) might   (b) could
(c) should   (d) would

07 Researchers found that the food being marketed to children is not necessarily
기출 4회 healthier than that sold to adults. In fact, many breakfast cereals designed to
appeal to children _____ contain as much as 50 percent sugar.

(a) will   (b) shall
(c) would   (d) can

08 The basketball star assured sneaker fans that his partnership with High-Flying
기출 4회 Shoes won't end with his retirement. He has confirmed that his signature line
_____ continue even after his professional playing days are over.

(a) will   (b) could
(c) may   (d) must

CHAPTER

5

연결어

접속사와 접속부사

시제	가정법	준동사	조동사	연결어	관계사	당위성 & 이성적 판단
6 문제	**6** 문제	**5** 문제	**2** 문제	**2** 문제	**2** 문제	**3** 문제

연결어 문제는 절과 절을 연결하는 접속사 1문제와 접속부사 1문제씩 총 2문제가 꾸준히 출제되고 있다. 이 유형은 빈 칸 앞뒤의 문장을 해석하고 문장 간의 논리나 개념의 관계를 알아야 풀 수 있는 문제이다. 지텔프에서는 의미 관계가 명확한 원인, 이유, 결과, 양보를 뜻하는 문제가 출제된다. 따라서 이런 빈출 연결어의 개념을 다양한 예문을 통해 학습 해야 한다.

만점 포인트

첫째, 보기에 접속사나 접속부사가 나오면 연결어 문제이다.

둘째, 앞뒤의 문장을 해석하고 보기의 연결어를 하나씩 대입해서 가장 자연스러운 연결어를 정답으 로 선택한다.

셋째, 자주 출제되는 접속사와 접속부사를 반드시 암기한다.

Chapter 5

연결어 - 접속사와 접속부사

지텔프 유형 공략하기

의미 연결어는 단어와 단어, 구와 구, 문장과 문장을 연결해 주는 기능을 하며 크게 접속사와 접속부사로 나눌 수 있다.

연결어의 종류
*는 자주 출제되는 연결어이다.

(1) 등위 접속사: 문법적 역할이나 형태가 대등한 단어, 구, 절을 연결해 주는 접속사이다.

> • 추가: and (그리고)   • 선택: or (또는)   • 대조: but (그러나), yet (그렇지만)
> • 결과: *so (그래서)   • 이유: for (왜냐하면)

(2) 부사절 접속사: 주절과 종속절을 연결하는 종속접속사 중 부사절을 이끄는 접속사로서 단독으로는 쓰이지 못한다.

> • 시간: when(~할 때), while(~하는 동안), as long as(~하는 한), before(~하기 전에), after(~한 후에), since(~한 이후로), until(~할 때까지)
> • 목적: *so that(~하기 위해서), in order that(~하기 위해서)
> • 이유: *because(~ 때문에), since(~ 때문에), as(~ 때문에), in that(~라는 점에서, ~이므로), now that(이제 ~이므로)
> • 대조: *though(~일지라도), although(~일지라도), whereas(~인 반면에), while(~하는 한편)

(3) 접속부사(구): 앞 문장과 뒤 문장을 연결하는 부사로서 목적, 이유, 순서, 예외, 비교 등의 뜻을 나타내기 위해 사용된다.

> • 비교, 대조: *however(그러나), by contrast(대조적으로), in contrast(대조적으로), on the contrary(반대로), *on the other hand(다른 한편으로는, 반면에)
> • 양보, 대안 제시: all the same(그래도 여전히), *nevertheless(그럼에도 불구하고), even so(그렇기는 하지만), anyway(어쨌든, 아무튼), in any case(어쨌든), alternatively(그 대신에), *instead(대신에)
> • 결과: *therefore(그러므로), thus(그래서), after all(결국)
> • 동시 상황: at the time(그때에), at the same time(동시에), meanwhile(그러는 동안)

용법 (1) 시간의 순서:

> after(~한 후에), as soon as(~하자마자), before(~하기 전에), since(~한 이후로), until(~할 때까지)

Kelly's skin got irritated **after** using a scented lotion.
켈리는 향기로운 로션을 사용한 후에 피부에 자극이 생겼다.

As soon as they landed in New York City, they had to taste a slice of the New York pizza.
뉴욕에 도착하자마자 그들은 뉴욕 피자 한 조각을 맛보아야 했다.

Before running as the governor of California, he was one of Hollywood's most notable actors.
캘리포니아 주지사 선거에 출마하기 전, 그는 할리우드에서 가장 유명한 배우 중 한 명이었다.

Traffic to the airport has been much lighter **since** the metro system was built.
지하철이 건설된 이후 공항까지의 교통량이 훨씬 줄었다.

Most American teenagers have a curfew **until** they turn 18 or head off to college.
대부분의 미국 청소년에게는 18세가 되거나 대학에 갈 때까지 통금 시간이 있다.

(2) 동시 상황:

> at that time(그때에), at the same time(동시에), meanwhile(그러는 동안), while(~하는 동안)

Illiteracy was widespread **at that time** when my grandmother was a kid.
할머니가 어렸을 당시에는 문맹이 흔했었다.

They presented the best proposals, and **at the same time** they were offered the new contract.
그들은 가장 좋은 제안을 제시했고, 그와 동시에 새로운 계약을 제안받았다.

Cook the tomato sauce over medium heat until it thickens. **Meanwhile**, start boiling water for the pasta.
토마토 소스를 걸쭉해질 때까지 중불에서 익히세요. 그러는 동안, 파스타를 위해 물을 끓이기 시작하세요.

You should save your money **while** the economy is still booming.
경제가 아직 호황일 때 돈을 저축해야 한다.

(3) 이유, 결과, 목적:

because(~ 때문에), since(~ 때문에), so(그래서), thus(그래서), as a consequence of(~의 결과로), as a result(그 결과), consequently(결과적으로), hence(따라서), in consequence(결과적으로), therefore(그러므로), so that(~하기 위해서), in order that(~하기 위해서)

Because(Since) it rained heavily last week, the whole village was flooded for days.
지난 주에 비가 많이 와서 마을 전체가 며칠 동안 물에 잠겼다.

They took some gorgeous pictures on their honeymoon, **so** they could upload them online.
그들은 신혼여행 때 멋진 사진을 찍어서 인터넷에 올릴 수 있었다.

The company has expanded, **thus** allowing more people the chance of finding a good job.
회사가 확장되어 더 많은 사람들이 좋은 직업을 찾을 수 있는 기회를 갖게 되었다.

Many marine animals have died **as a consequence of** coming into contact with chemically polluted water.
화학적으로 오염된 물과 접촉한 결과, 많은 해양 동물이 죽었다.

The students were unmanageable and, **as a result**, it made it hard for the substitute teacher to handle them.
학생들은 관리하기 어려웠고, 그 결과 대체 교사는 그들을 다루기가 힘들었다.

The police suspected they were trying to hide something, **hence**, the need for an independent inquiry.
경찰은 그들이 뭔가 숨기려 한 것 같다고 의심해서, 독립적인 수사에 대한 필요가 생겨났다.

The professor's death was totally unexpected and **in consequence** no plans were made for his replacement at the university.
그 교수의 죽음은 전혀 예상치 못한 일이었고, 결과적으로 대학에서는 후임 교수에 대한 계획은 전혀 세워지지 않았다.

The defendant was depressed and **therefore** not fully responsible for his actions during the attack.
피고인은 우울증을 겪고 있어서, 공격 중 자신의 행동에 대해 전적으로 책임을 지지는 않았다.

I've been saving up money **so that** I can buy a new electric car.
나는 신형 전기차를 사기 위해 돈을 모아 왔다.

(4) 양보, 비교, 대조:

> though(~이지만), although(~이지만), even though(~이지만), even so(그렇기는 하지만), while(반면에), whereas(반면에), however(그러나), on the contrary(그와 반대로), on the other hand(한편), anyway(어쨌든), in any case(어쨌든), nevertheless(그럼에도), alternatively(그 대신에), instead(대신에), all the same(그래도 여전히)

Though she's almost 50 years old, she still plans to run the 10-kilometer marathon.

비록 그녀가 거의 50세가 되어 가지만, 그녀는 여전히 10킬로 마라톤에 참가할 계획이다.

Although he poured the milk carefully, he still managed to spill some on the floor.

그는 조심스럽게 우유를 따랐지만, 여전히 바닥에 우유를 조금 흘리고 말았다.

Even though writing techniques and vocabulary can be taught, no amount of instruction can make up for a lack of natural creative talent.

글쓰기 기술과 어휘를 가르칠 수는 있지만, 많은 양의 교육이 타고난 창의적 재능이 부족한 것을 보충할 수는 없다.

She claims not to care about her grade; **even so**, she keeps talking about it.

그녀는 성적에 대해 신경 쓰지 않는다고 주장한다. 그렇기는 하지만, 그녀는 계속 그것에 대해 이야기한다.

While I dislike romantic films, I sometimes watch them with my best friend, especially when she's feeling down.

나는 로맨틱 영화를 싫어하지만, 특별히 내 절친이 우울해할 때에는 절친과 함께 그것들을 보기도 한다.

The old computer system was fairly simple, **whereas** the new one is really complicated.

구식 컴퓨터 시스템은 상당히 단순한 반면, 새로운 시스템은 정말 복잡하다.

They could easily afford to stay at the best hotels. **However**, they preferred to stay in their parents' guest room.

그들은 최고의 호텔에서 쉽게 묵을 수 있었다. 그렇지만 그들은 부모님의 손님방에서 묵는 것을 선호했다.

You think you are clever; **on the contrary**, you seem quite foolish to most people.

당신은 자신이 영리하다고 생각한다. 그와 반대로, 대부분의 사람들에게 당신은 꽤 어리석어 보인다.

The students want to go out for drinks, but **on the other hand**, they know they ought to study for their finals.

학생들은 술을 마시러 나가고 싶어하지만, 다른 한편으로는 기말고사를 위해 공부해야 한다는 것을 알고 있다.

I'm certain Lisa told you about her business troubles. **Anyway**, it's no secret that she owes the bank money.
리사가 자신의 사업상 어려움을 당신에게 말했을 거예요. 어쨌든, 그녀가 은행에 빚을 지고 있다는 것은 비밀이 아니에요.

She can't attend her parents' party this evening. **In any case**, she'll see them at brunch tomorrow.
그녀는 오늘 저녁 부모님의 파티에 참석할 수 없다. 어쨌든, 그녀는 내일 브런치 때 그들을 보게 될 것이다.

We are unable to send you a brochure at the moment, but **nevertheless**, we will send you one by next week.
저희가 바로 지금은 브로셔를 보낼 수 없긴 하지만, 다음 주까지는 보내드리겠습니다.

Clients can call the customer service center, or **alternatively** leave a message online.
고객은 고객 센터에 전화하거나, 그 대신 온라인으로 메시지를 남길 수 있다.

We have no coffee at home. Would you like some green tea **instead**?
우리는 집에 커피가 없어요. 대신 녹차 좀 드시겠어요?

You don't have to go skiing with us in December, but we wish you would, **all the same**.
12월에 우리와 함께 스키를 꼭 타야 하는 것은 아니지만, 그래도 당신이 우리와 함께 타면 좋겠어요.

(5) 정보 추가:

> above all(무엇보다도), after all(결국, 어쨌든), besides(~외에), furthermore(더욱이), in addition to(~외에, ~뿐 아니라), likewise(마찬가지로), moreover(게다가), similarly (비슷하게), what's more(게다가), in fact(사실은)

The CEO is holding a meeting tomorrow to develop a plan for next year's campaigns, but **above all**, he wants to meet the new recruits.
사장님이 내년 캠페인 계획을 세우기 위해 내일 회의를 여는 것이지만, 무엇보다도 신입 사원들을 만나고 싶어 한다.

We thought carefully about moving to the neighborhood where our parents lived and decided not to **after all**.
우리는 부모님이 사시는 동네로 이사하는 것에 대해 신중히 생각하다가 결국 이사하지 않기로 결정했다.

This charity provides emergency relief **besides** teaching people practical skills to help avoid future catastrophes.
이 자선 단체는 사람들에게 미래의 재난을 피하도록 돕는 실용적인 기술을 가르치는 것 외에 긴급 구호를 제공한다.

They didn't buy that house because it is a long way from any schools; **furthermore**, it will cost them a fortune.

그들은 어느 학교와도 거리가 멀어서 그 집을 사지 않았다. 더욱이, 그 집은 그들에게 엄청난 돈이 들게 할 것이다.

In addition to performing all the functions of a standard vacuum cleaner, this model will also clean your carpets and car seats.

이 모델은 표준형 진공청소기의 모든 기능을 수행할 뿐 아니라 카펫과 카시트도 청소해 줄 것이다.

The science teacher works very hard and he encourages his students to do **likewise**.

과학 선생님은 매우 열심히 일하시고 학생들에게도 그렇게 하라고 격려하신다.

You should thoroughly clean each section of your mouth. **Moreover**, you should practice brushing your teeth after every meal.

입안 구석구석 철저하게 닦아야 한다. 게다가 매 식사 후에 이를 닦는 것을 생활화해야 한다.

Ordinary chestnuts are delicious when roasted or grilled. **Similarly**, they are tasty when boiled.

일반 밤은 볶거나 구울 때 맛있다. 마찬가지로 밤은 삶으면 맛있다.

Sarah and Sam are going to get married, and **what's more**, they are starting up a business together.

사라와 샘은 결혼할 것이고, 게다가 그들은 함께 사업을 시작할 것이다.

Chris can't participate in this event. **In fact**, he has a business meeting today.

크리스는 이 행사에 참석할 수 없다. 사실은 그가 오늘 비즈니스 미팅이 있다.

(6) 조건, 가정:

> if(~한다면), if not(~하지 않으면), unless(~하지 않는다면), if so(그렇다면), otherwise (그렇지 않으면), as long as(~하는 한), so long as(~하기만 한다면), assuming (that) (~라고 가정하면), supposing (that)(~라고 가정하면), provided (that)(~라면)

If my flowers blossom by summer, I'd be glad. **If not**, I'll give it another try next year.

여름까지 내 꽃들이 피면 기쁠 것 같다. 그렇지 않다면, 내년에 한 번 더 시도해 볼 것이다.

If we do**n't** get some rainfall very soon, there will be a water shortage.

= There will be a water shortage **unless** we get some rainfall very soon.

빨리 비가 오지 않으면 물 부족 현상이 발생할 것이다.

Do you have any new ideas about the recycling project in the city? **If so**, kindly let us know.
도시의 재활용 프로젝트에 대한 새로운 아이디어가 있습니까? 만약 그렇다면 우리에게 알려주세요.

Your mother will pick you up after school; **otherwise** just take a taxi right after class.
방과 후에 엄마가 너를 데리러 갈 것이고, 그렇지 않으면, 수업이 끝나고 바로 택시를 타라.

As long as her parents are alive, Wendy does not have to worry about her financial needs.
부모님이 살아계시는 한, 웬디는 재정적으로 필요한 것에 대해 걱정할 필요가 없다.

I don't foresee any difficulties within the company **so long as** we keep within planned budget for the year.
올해 계획된 예산 범위 내에서만 유지한다면 회사 내 어떠한 어려움도 예상하지 않는다.

Assuming that you study for your exams, you have nothing to fear for your final grades.
시험 공부를 한다고 가정하면, 너는 기말고사 성적에 대해 걱정할 것이 없다.

Supposing that over 200 participants join the workshop, how are we going to accommodate them all for 3 days?
200명이 넘는 참가자가 워크숍에 참가한다고 가정하면 3일 동안 어떻게 참가자를 모두 수용할 수 있을까?

The students will be allowed to go out tonight, **provided that** they clean the dormitories and do their homework by 10 p.m.
학생들은 오늘 밤 10시까지 기숙사를 청소하고 숙제를 한다면 외출이 허용될 것이다.

(7) 대표적인 상관접속사:

- both A and B (A와 B 둘 다)
- either A or B (A 혹은 B)
- neither A nor B (A도 아니고 B도 아닌)
- not A but B (A가 아니라 B)
- not only A but also B = B as well as A (A뿐만 아니라 B도)
- A rather than B (B라기 보다는 A)
- rather A than B (B라기 보다는 A하다)
- whether A or B (A이든지 B이든지 간에)

① Both A and B: 주어 자리에 오면 동사는 항상 복수형을 쓴다.

Both cigarettes **and** alcohol are harmful and unhealthy.
담배와 술 둘 다 해롭고 건강에 좋지 않다.

Paul is **both** intelligent **and** good-tempered.
폴은 똑똑하고 성격도 좋다.

② either A or B: 주어 자리에 오면 주어와 동사의 일치(수, 시제)는 B에 맞춘다.

Either John **or** I have to go there to get some raw material.
존과 나 가운데 한 명은 원료를 사러 거기에 가야 한다.

③ neither A nor B: 주어와 동사의 일치(수, 시제)는 B에 맞춘다.

Neither you **nor** I was invited to the party.
당신도 나도 둘 다 그 파티에 초대받지 않았다.

The park ranger confirmed it was **neither** a wolf **nor** a dog.
공원 경비원은 그것이 늑대도 개도 아니라는 것을 확인했다.

④ not A but B = (only) B, not A: 주어와 동사의 일치는 B에 맞춘다.

Not his brothers **but** Bill plays the violin.
= Bill, **not** his brothers, plays the violin.
　그의 형들이 아니라 그가 바이올린을 연주한다.

⑤ not only A but (also) B = B as well as A: 주어와 동사의 일치는 B에 맞춘다.

Not only you **but also** Jerry is going to the party tonight.
너뿐만 아니라 제리도 오늘밤 그 파티에 갈 것이다.

Sarah was **not only** late for class, **but (also)** she forgot her assignment
as well.
사라는 수업에 늦었을 뿐만 아니라 과제물도 잊어버렸다.

⑥ B as well as A: 주어와 동사의 일치는 B에 맞춘다.

The students **as well as** the teacher are in the classroom.
선생님뿐만 아니라 학생들도 교실에 있다.

The teacher **as well as** the students was late for the exam.
학생들뿐만 아니라 그 선생님도 시험에 늦었다.

The students must take an exam **as well as** complete a written report.
학생들은 보고서를 완성할 뿐만 아니라 시험도 봐야 한다.

The electronics store sells laptops **as well as** desktops.
= The electronics store sells laptops **in addition to** desktops.
　그 전자제품 매장에서는 데스크톱 외에도 노트북도 판매한다.

⑦ rather A than B = Rather than B, A

I'd **rather** stay home tonight **than** go out for dinner.
저녁 먹으러 나가느니 차라리 오늘밤엔 집에 있겠다.

Rather than hiring a travel company, they decided to spend time planning the trip themselves in order to save money.
여행사를 고용하기 보다는, 그들은 돈을 절약하기 위해 직접 여행을 계획하는 데 시간을 보내기로 결정했다.

*지텔프 시험에서 상관접속사는 자주 출제되지 않았으나, 최근에 Rather A than B(B라기 보다는 A하다)가 출제되었다. 또한 'Rather than B, A'처럼 'Rather than B'가 앞으로 도치된 문제도 출제되었다.

⑧ whether A or B

Whether he becomes a politician **or** a lawyer, his parents will always be proud of him.
그가 정치가가 되든 변호사가 되든, 그의 부모님은 항상 그를 자랑스러워할 것이다.

Whether he comes to the party **or** not, I don't care.
그가 파티에 오든 안 오든, 나는 신경쓰지 않는다.

Jenny was carefully considering **whether** to study abroad **or** study for her master's degree at a domestic university.
제니는 유학을 갈지 국내 대학에서 석사를 공부할지에 대해 신중하게 고려하고 있었다.

★ however는 문장 연결어로 자주 사용되지만, '형용사, 부사, much/many'가 뒤따라 와서 부사로 사용되는 경우도 있다.

We just don't have the money to do the project, **however necessary** you think it is.
당신이 아무리 그 프로젝트가 필요하다고 생각해도 우리는 그 프로젝트를 할 돈이 없다.

However popular recycling is, many of us still throw glass bottles into the ordinary trashcans.
재활용이 아무리 인기가 있어도, 우리 중 많은 사람들은 여전히 유리병을 일반 쓰레기통에 버린다.

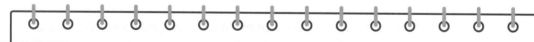

만점 포인트 **자주 출제되는 접속사와 접속부사를 예문과 함께 익혀 둔다.**

 보기에 접속사나 접속부사가 나오면 연결어 문제이다.

 빈칸 앞뒤의 문장을 해석하고, 보기의 접속사와 접속부사를 하나씩 대입해서 가장 자연스러운 연결어를 찾는다.

 가장 자연스럽게 해석되는 보기를 정답으로 고르고 반드시 선택된 접속사나 접속부사를 넣고 다시 한 번 해석해 본다.

Check

Most of the world is changing rapidly. But North American Indian leaders do not want to give up traditions and their old ways. These native people of Canada, the United States, and Mexico want to teach their children the old ways, their history, and their culture. _____, they keep the stories, the religion, and traditions alive.

(a) In fact
(b) Otherwise
(c) Therefore
(d) And

세계의 대부분은 빠르게 변하고 있다. 그러나 북미 인디언 지도자들은 전통과 자신들의 오래된 방식을 포기하고 싶어하지 않는다. 이런 캐나다, 미국, 멕시코의 원주민들은 그들의 아이들에게 옛날 방식, 그들의 역사와 문화를 가르치기를 원한다. 그러므로, 그들은 이야기, 종교와 전통을 존속시킨다.

정답 (c)

해설 보기에 다양한 접속사와 접속부사가 나왔으므로 연결어 문제이다. 빈칸 앞뒤의 문장을 해석하고, 두 문장의 관계를 확인해야 한다. 문맥상 원인과 결과의 접속부사 therefore가 가장 자연스러운 관계이므로 정답은 (c)이다.

오답 분석 (a) In fact(사실은) (b) Otherwise(그렇지 않으면) (d) And(그리고): 접속사로서, 접속부사 자리에는 올 수 없다.

어휘 rapidly 빠르게 give up 포기하다 tradition 전통 native 토착민의 religion 종교 alive 살아 있는

Although Jim dislikes long work-related seminars, he often attends them over the weekend just for a change of scenery. _____ staying home alone and binge-watching movies, he would join the boring seminars just to be in the company of his co-workers.

(a) Aside from
(b) Other than
(c) Even if
(d) Rather than

짐은 업무와 관련한 긴 세미나를 싫어하지만, 단지 기분 전환을 위해 주말에 자주 세미나에 참석한다. 그는 혼자 집에 있으면서 영화를 몰아서 보기보다는 동료들과 함께 하기 위해 따분한 세미나에 참석한다.

정답 (d)

해설 보기에 다양한 접속부사가 나왔으므로 연결어 문제이다. 빈칸 앞뒤에 문장을 해석하고 두 문장의 관계를 확인한다. 두 문장의 연결이 "영화를 몰아서 보기보다는 동료들과 함께 지루한 세미나에 참석한다."가 자연스러우므로 (d)가 정답이다.

오답 분석 (a) Aside from: ~ 외에도, ~을 제외하고 (b) Other than: ~ 외에, ~이 아닌 (c) Even if: ~하더라도

어휘 dislike 싫어하다 attend 참석하다 a change of scenery 장소(환경, 분위기)의 변화 Rather than A. B A라기 보다는 B binge-watch 몰아서 보다 in the company of ~와 함께 boring 따분한

Practice

01 Most basketball players are incredibly tall: a survey found that the average height
기출 1회 in the NBA is 6 feet 7 inches! _____, there have been great players as short
as 5 feet 3 inches.

(a) Furthermore
(b) Therefore
(c) On the other hand
(d) Until then

02 The Nazca Lines are large drawings etched into the ground of the Nazca Desert
기출 1회 about 2,500 years ago. These geometric shapes and animals were most likely
drawn by ancient Nazca people. _____, their purpose remains unclear.

(a) However
(b) Moreover
(c) Therefore
(d) Similarly

03 The beachgoers at Blue Marina Beach Resort saw a young dolphin stranded
기출 2회 helplessly on the sand. They helped the poor creature return to the sea
_____ it wouldn't die of dehydration.

(a) in case
(b) so that
(c) unless
(d) because

04 James was exhausted after a long day at the office. He had attended three
기출 2회 meetings and finished a quarterly report. _____, he fell into a deep sleep
almost as soon as he got home.

(a) Meanwhile
(b) Therefore
(c) Moreover
(d) Besides

05 We can tell stars from planets in the night sky because stars twinkle and planets
기출 3회 don't. The brightest "star" we see doesn't twinkle. _____, it is not really a
star but is actually the planet Venus.

(a) In fact
(b) Otherwise
(c) Even so
(d) Moreover

06 Fans of the Kensington Eagles say that the Frankford Foxes won due to home-
기출 3회 court advantage. _____ the basketball game was held at Frankford High
School, the Foxes received more cheers and encouragement than the Eagles.

(a) Whether
(b) Although
(c) Until
(d) Because

07 Principal Spencer leaves the district at the end of the school year, but St. Peter
기출 4회 High School has decided not to hire a new principal. _____, Superintendent
Kristy Thomas will be assuming the position.

(a) Likewise
(b) Instead
(c) Moreover
(d) Overall

08 Not all well-known television actors get rich. Some of them earn less by
기출 4회 accepting limited contracts. _____ getting paid for a show's entire season,
they are only paid for the scenes they appear in.

(a) Aside from
(b) Other than
(c) In spite of
(d) Rather than

CHAPTER

6

관계사

시제	가정법	준동사	조동사	연결어	관계사	당위성 & 이성적 판단
6 문제	**6** 문제	**5** 문제	**2** 문제	**2** 문제	**2** 문제	**3** 문제

관계사 문제는 매회 2문제씩 출제되고 있다. 관계사는 개념 자체가 쉽지 않게 때문에 자주 출제되는 관계대명사(who, whom, which, that)와 관계부사(where)의 용법을 확실하게 구분하는 방법을 알아야 한다.

▷ 만점 포인트

첫째, 보기에 다양한 관계사가 이끄는 절이 나오면 관계사 문제이다.

둘째, 빈칸 앞에 선행사가 관계사절에서 어떤 역할을 하는지와 선행사 다음에 콤마가 있는지를 확인하여 정답을 선택한다.

셋째, 관계대명사와 관계부사의 용법을 확실하게 익혀 둔다.

관계사 관계대명사

지텔프 유형 공략하기

의미 관계대명사는 앞뒤 문장의 접속사 기능과 뒤 문장의 명사적 기능(주어, 목적어, 보어)을 동시에 한다. 명사가 있는 주절과 수식하는 절의 공통된 부분을 하나로 연결시키는 형용사절을 이끄는 역할로서 who, whom, whose, which, that, what이 있다.

I have a brother. + He loves to joke.

➡ I have **a brother** who loves to joke.
　　　　　선행사
나는 농담하는 것을 좋아하는 형(오빠, 남동생)이 있다.

용법 **(1) 관계대명사의 역할**

① 관계대명사가 쓰인 형용사절은 명사나 대명사에 대해 정보를 추가하거나 확인할 때 사용한다.

The newly married couple **who** just moved next door is originally from France.
옆집으로 막 이사온 신혼부부는 원래 프랑스 출신이다.

Tablets run on batteries **which** need to be charged regularly.
태블릿은 정기적으로 충전이 필요한 배터리로 작동한다.

The physicist **whom** we met at the seminar two years ago just won the Nobel Prize.
우리가 2년 전 세미나에서 만난 물리학자가 방금 노벨상을 받았다.

The speaker's attention shifted to Mary, **who** was still dozing off in the front row of the conference hall.
강연자의 관심은 메리에게로 옮겨졌는데 그녀는 회의장 맨 앞줄에서 여전히 졸고 있었다.

In this house resides a famous English writer with **whom** most people would like to converse.
이 집에는 대부분의 사람들이 대화를 나누고 싶어하는 유명한 영국 작가가 살고 있다.

The students saw a lady **that** was presumed to work at the library and they asked her several questions.
학생들은 도서관에서 일하는 것으로 추정되는 여성을 보고 그녀에게 몇 가지 질문을 했다.

② 관계대명사의 선행사와 격

선행사	주격	소유격	목적격
사람	who	whose	whom (who)
사물, 동물	which	whose (of which)	which
사람, 사물, 동물	that	소유격 없음	that
선행사를 포함	what	소유격 없음	what

I have **a sister** **who** works in France.
　　　선행사: 사람　주격
나는 프랑스에서 일하는 언니(누나, 여동생)가 있다.

Paris is **a city** **which** fascinates people.
　　　선행사: 사물　주격
파리는 사람들을 매혹시키는 도시이다.

He's **the man** **whose** car is broken down and needs repairing.
　　　선행사: 사람　　소유격
그는 자신의 차가 고장나서 수리가 필요한 사람이다.

Kevin found **his cell phone** **that** he lost yesterday.
　　　　　선행사: 사물　　목적격
케빈은 어제 잃어버린 휴대폰을 찾았다.

(2) 제한적 용법과 계속적 용법

① 제한적 용법(Identifying adjective clause):
앞 문장에서 말하는 대상을 확인하기 위해 다시 언급할 경우에 사용한다.

I have two cars. The car **which** is in the garage is wrecked. So I'm using the other one.
나는 차 두 대가 있다. 차고에 있는 차는 망가졌다. 그래서 나머지 한 대를 이용 중이다.

② 계속적 용법(Non-identifying adjective clause):
명사에 대해 정보를 추가할 경우 사용하며, 선행사와 관계사절을 콤마(,)로 분리한다.

I only have one car. The car, **which** is in the garage, is wrecked.
나는 차 한 대만 가지고 있다. 그 차는 차고에 있는데 망가진 상태이다.

The battery, **which** is on the front, is dead.
그 배터리는 앞에 있는데 다 닳았다.

(3) 관계대명사의 생략

① 제한적 용법일 때 관계사절의 목적격 관계대명사는 생략할 수 있다.

The doctor **whom** we want to invite to our seminar was on TV last night.

= The doctor **that** we want to invite to our seminar was on TV last night.

= The doctor we want to invite to our seminar was on TV last night.
우리가 세미나에 초대하고 싶은 의사가 어젯밤에 TV에 나왔다.

She showed me the books **which** she had collected.

= She showed me the book **that** she had collected.

= She showed me the book she had collected.
그녀는 내게 자신이 모은 책들을 보여주었다.

John entered the university his teacher had recommended to him.
존은 선생님이 추천해 준 대학에 들어갔다.

② 계속적 용법일 때 관계사절의 관계대명사는 생략할 수 없다.

(X) He remembers Jen, he saw often.

(O) He remembers Jen, **whom** he saw often.
그는 젠을 기억하는데, 그는 젠을 자주 보았었다.

③ 소유격 관계대명사 whose는 어떤 것의 부분이거나 속해 있는 것을 가리킬 때 사용하는데
이때 whose는 생략할 수 없다.

Susan is a fashion designer, **whose** designs have won international
awards of the year.
수잔은 패션 디자이너인데, 그녀의 디자인은 올해의 국제적인 상을 수상했다.

(4) 관계대명사 that

① 선행사가 something, anything, none일 때 관계대명사 that을 쓴다.

We have to find out **something that** we can rely on.
우리는 우리가 믿고 의지할 수 있는 무언가를 찾아내야 한다.

② 한정이 강한 수식어(the only, the+최상급, the+서수, the same, the very)나
all, no, little, much 등이 선행사를 수식할 때에는 which를 사용할 수 없고 that만
사용할 수 있다.

These seats are **all that** are available now.
이 좌석들이 지금 이용 가능한 전부이다.

He is one of **the wisest** men (**that**) I have known.
그는 내가 알고 있는 가장 현명한 사람 중 한 명이다.

③ 관계대명사 that은 계속적 용법에서는 쓰일 수 없다.

(X) The car, **that** is in the garage, is wrecked.

(O) The car, **which** is in the garage, is wrecked.
그 차는 차고 안에 있는데, 망가진 상태이다.

(5) 관계대명사 what

① 관계대명사 what은 '~인 것, ~하는 것'이라는 의미로 선행사를 포함한 관계대명사여서 선행사 없이 단독으로 쓰인다. what절은 선행사를 수식하지 않으므로 형용사절이 아니며, 명사 역할을 하는 명사절이다.

주어 역할: **What** is important for success is hard work.
성공에 중요한 것은 열심히 일하는 것이다.

목적어 역할: I can't understand **what** he explains.
나는 그가 설명하는 것을 이해할 수 없다.

보어 역할: That is exactly **what** I want to say to you.
그게 바로 내가 너에게 하고 싶은 말이다.

② what은 자체에 선행사를 포함하고 있기 때문에 앞에 선행사를 쓸 수 없다.

(X) The house **what** I bought is near the subway station.

(O) The house **that** I bought is near the subway station.

= The house **which** I bought is near the subway station.

= The house I bought is near the subway station.
내가 구입한 집은 전철역 가까이에 있다.

만점 포인트 | 자주 출제되는 관계대명사의 용법을 확실하게 익혀 둔다.

유형 파악 보기에 다양한 관계사가 이끄는 절이 나오면 관계사 문제이다.

 단서 확인
1. 빈칸 앞에 선행사를 찾고, 관계사절이 불완전한 절이면 관계대명사를 선택한다.
2. 선행사가 관계사절에서 어떤 격으로 쓰였는지 확인하고, 주격, 목적격, 소유격 중 하나를 고른다.

 정답 선택
1. 선행사가 사람이고 주격이면 who/that, 목적격이면 who/whom/that을 보기에서 고른다.
2. 선행사가 사물이면 which/that을 고른다.
3. 빈칸 앞에 콤마가 있으면 계속적 용법으로 which를 고른다.

Check

It's hard to keep up with technology these days and the latest example of science fiction becoming fact is a flying car, _____.
This week, journalists saw a real flying car in flight between two cities in Slovakia.

(a) which for decades we have watched movies about

(b) when for decades we have watched movies about

(c) whom for decades we have watched movies about

(d) that for decades we have watched movies about

요즘은 기술을 따라잡기가 힘들며, 공상 과학 소설이 현실이 된 가장 최근의 예는 하늘을 나는 자동차인데, 우리는 수십 년 동안 이 자동차에 대한 영화를 봐왔다. 이번 주, 기자들은 슬로바키아의 두 도시 사이를 비행하는 진짜 하늘을 나는 자동차를 보았다.

정답 (a)

해설 보기에 다양한 관계사가 이끄는 절이 나왔으므로 관계사 문제이다. 빈칸 앞에 선행사를 찾고 그 선행사에 따라 관계대명사인지 관계부사인지 확인한다. 관계대명사인 경우 선행사가 사람인지 사물인지, 빈칸 앞에 콤마가 있는지 없는지 확인하여 제한적 용법인지 계속적 용법인지 파악한다. 빈칸 앞에 있는 선행사는 명사구 'a flying car'이고 사물이다. 관계대명사 which 아니면 that이 정답이 될 수 있다. 빈칸 앞에 콤마가 있는 것으로 보아 계속적 용법이므로 제한적 용법으로만 사용되는 관계대명사 that은 정답이 될 수 없다. 뒤 문장 '우리는 이 자동차에 대해 수십 년 동안 영화를 봐왔다'에서 전치사 about의 목적어 역할을 하고 계속적 용법으로 쓰이는 관계대명사 which가 와야 한다. 따라서 보기 중 이 조건을 충족시키는 (a)가 정답이다. 관계사 문제를 풀 때에 공식에 의해 정답을 고른 후에도 해석을 통해 반드시 점검을 해야 한다.

오답 분석 (b) when: 선행사가 관계사절에서 전치사 about의 목적어 즉, 명사 역할이므로 관계부사 when은 정답이 될 수 없다. (c) whom: 선행사가 사물이기 때문에 사람을 나타내는 whom은 정답이 될 수 없다. (d) that: 빈칸 앞에 콤마가 있으므로 계속적 용법인데, 관계대명사 that은 계속적 용법에서 쓰일 수 없으므로 that은 정답이 될 수 없다.

어휘 keep up with 따라잡다   the latest 가장 최근의   science fiction 공상과학 소설   decade 10년   journalist 기자   in flight 날고 있는

01 The number of farmers in industrialized nations has been steadily declining. In
기출 1회 the US, more and more farmers are approaching the age of 65. Upon retirement,
they will pass their farms to their children, _____ in
farming.

(a) what often have no interest
(b) who often have no interest
(c) which often have no interest
(d) that often have no interest

02 I am really happy that my mother is buying me a new laptop. My current laptop,
기출 2회 _____, has a broken screen and many faded keys. It
badly needs to be replaced.

(a) that is already quite old
(b) what is already quite old
(c) who is already quite old
(d) which is already quite old

03 Aunt Julie never uses chemicals when growing her vegetables because
기출 2회 she wants her harvests to be purely organic. She only applies fertilizer
_____ to make sure that her crops are safe and healthy to
eat.

(a) which it comes from nature
(b) what comes from nature
(c) who comes from nature
(d) that comes from nature

04 Of all the music genres, Chantal loves the blues the most. "Sweet Home
기출 3회 Chicago," _____ on the guitar when she was a child, is
the first blues song she ever learned.

(a) which her father often played
(b) that her father often played
(c) what her father often played
(d) who her father often played

05 Matt has always been drawn to talented and intelligent women. Therefore, it
기출 3회 was no surprise to his family that the woman _____ had
graduated at the top of her class from Harvard University.

(a) that he chose to marry her
(b) what he chose to marry
(c) whom he chose to marry
(d) which he chose to marry

06 You will definitely like my friend John. Just like you, he is fond of traveling
기출 4회 to other countries and learning new languages. He's also the guy
_____ last year.

(a) what I took an art class with
(b) which I took an art class with
(c) whom I took an art class with
(d) that took an art class with

07 The newspaper finally found a copy editor from among the applicants
기출 5회 that took the editing test this morning. Not surprisingly, the candidate
_____ on the test was chosen.

(a) which got the highest score
(b) who got the highest score
(c) whom got the highest score
(d) what got the highest score

08 The Zyklones are a punk rock band that's enjoying great success in Europe and
기출 6회 Asia. However, the achievement _____ true international
renown is making it in the US music scene.

(a) who will bring the band
(b) what will bring the band
(c) which it will bring the band
(d) that will bring the band

09 Colette is proud to be bilingual. She speaks English as her first language. At the
기출 6회 same time, French, _____ from her father, comes naturally
to her as a second language.

(a) which she learned as a child
(b) that she learned as a child
(c) what she learned as a child
(d) who she learned as a child

Chapter 6

관계사 ② 관계부사

지텔프 유형 공략하기

의미 관계부사는 수식하는 관계사절을 이끌어 명사를 꾸며주는 접속사 기능을 하는 동시에 부사의 역할 (시간, 장소, 이유, 방법)을 한다.

관계부사가 이끄는 절은 주어나 목적어 같은 필수 성분이 빠져 있지 않은 완벽한 문장 구조가 온다는 점에 유의한다.

용법 (1) 관계부사와 선행사

	선행사	관계부사
장소	the place, the city, the house 등	where
시간	the time, the day, the period 등	when
이유	the reason	why
방법	(the way는 생략됨)	how *the way와 how는 함께 쓸 수 없으므로 the way 또는 how만 써야 한다.

Thursday is **the last day when** classes meet.
목요일은 수업이 있는 마지막 날이다.

The place where I had lunch has a great salad bar.
내가 점심을 먹었던 그 장소는 훌륭한 샐러드바를 가지고 있다.

The article explains **the reason why** customers are so indecisive.
그 기사는 고객들이 그토록 우유부단한 이유를 설명한다.

(O) I tried to figure out **how** the machine works.
= I tried to figure out **the way** the machine works.

(X) I tried to figure out **the way how** the machine works.
나는 그 기계가 어떻게 작동하는지 알아내기 위해 노력했다.

(2) 관계부사는 '전치사+관계대명사'로 바꾸어 쓸 수 있다.

This is the place. + He was born in the place.
여기가 그가 태어난 장소이다.

➡ This is **the place which** he was born **in**. (전치사와 분리)
= This is **the place that** he was born **in**. (전치사와 분리)
= This is **the place in which** he was born. (전치사와 같이)
= This is **the place where** he was born. (장소 관계부사로 대체)

The conditions **where**(=in which) the laborers work are unacceptable.
그 노동자들이 일하는 조건은 받아들이기 어렵다.

The day **when**(=in which) he proposed to me was the best day of my life.
그가 나에게 프러포즈했던 그 날은 내 생애 최고의 날이었다.

(3) 관계부사 vs. 관계대명사

① 관계부사 다음에는 주어와 목적어가 모두 갖춰진 완전한 절이 온다.

Tomorrow is **the last day when** we will be able to see each other before you go.
　　　　　　　　　　　　　　　　　　　　　　　　　완전한 절
내일은 네가 떠나기 전 우리가 서로를 볼 수 있는 마지막 날이다.

② 관계대명사 다음에는 주어나 목적어가 빠진 불완전한 절이 온다.

That is the boy **who** broke the window of my house.
　　　　　　　　　주어가 빠진 불완전한 절
저 아이가 우리집 창문을 깬 그 소년이다.

Lisa is the researcher **whom** I met at the seminar.
　　　　　　　　　　　목적어가 빠진 불완전한 절
리사는 내가 세미나에서 만났던 연구원이다.

(4) 선행사가 시간, 장소, 이유 등의 의미인데도 관계부사가 쓰이지 않는 경우

관계사가 관계사절 내에서 부사 역할을 할 때에만 관계부사가 쓰인다.

I found a bookstore **which** Eric runs.
나는 에릭이 운영하는 서점을 찾았다.
⬅ 선행사가 장소인 a bookstore이지만 관계사가 관계사절 안에서 목적어 역할을 하므로 관계대명사가 쓰임

(5) 관계부사 how는 방법을 나타내는 선행사인 the way와 함께 쓰지 않는다.

(O) Smartphones have tremendously changed **how** people buy things.
(O) Smartphones have tremendously changed **the way** people buy things.
(X) Smartphones have tremendously changed **the way how** people buy things.
스마트폰은 우리가 어떻게 물건을 사는지를 엄청나게 변화시켰다.

(6) 관계부사의 계속적 용법

관계부사 앞에 콤마가 오고 선행사에 대한 정보를 추가할 때 사용된다.

He went to college in 2002, **when** the World Cup games were held in Korea and Japan.
= He went to college in 2002 **and then** the World Cup games were held in Korea and Japan.
그는 2002년에 대학에 갔는데, 그때 월드컵이 한국과 일본에서 개최되었다.

Sally visited the Opera House in Sidney, **where** she met Tony by chance.
= Sally visited the Opera House in Sidney **and there** she met Tony by chance.
샐리는 시드니에 있는 오페라 하우스를 방문했는데, 거기에서 우연히 토니를 만났다.

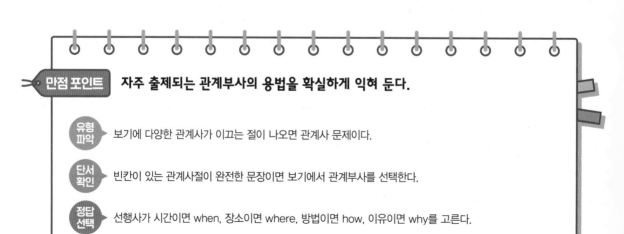

만점 포인트 자주 출제되는 관계부사의 용법을 확실하게 익혀 둔다.

유형 파악 ▶ 보기에 다양한 관계사가 이끄는 절이 나오면 관계사 문제이다.

단서 확인 ▶ 빈칸이 있는 관계사절이 완전한 문장이면 보기에서 관계부사를 선택한다.

정답 선택 ▶ 선행사가 시간이면 when, 장소이면 where, 방법이면 how, 이유이면 why를 고른다.

Check

When I was a child, we lived in a house near Chesapeake Shore. I visited the place again last week, and it wasn't the same. **The beach**, _____, is now a tourist destination filled with resorts.

(a) which we used to swim for free
(b) when we used to swim for free
(c) that we used to swim for free
(d) where we used to swim for free

내가 어렸을 때, 우리는 체서피크 해안 근처에 있는 집에서 살았다. 나는 지난주에 그곳을 다시 방문했는데, 예전 같지 않았다. 우리가 공짜로 수영을 하던 해변은 이제 휴양 시설로 가득 찬 관광지가 되었다.

정답 **(d)**

해설 보기에 다양한 관계사가 이끄는 절이 나왔으므로 관계사 문제이다. 선행사는 The beach이고, 관계사가 이끄는 절 "we used to swim for free"는 완전한 문장이다. 선행사 The beach가 관계사절에서 부사로 쓰였으므로 명사 역할을 하는 관계대명사절인 (a)와 (c)는 정답이 될 수 없다. 보기에서 관계부사 중 (b) when은 시간을, (d) where는 장소를 나타낸다. 선행사가 장소인 The beach이기 때문에 정답은 (d)이다.

어휘 the same 똑같은 used to+동사원형 ~하곤 했다 for free 공짜로 tourist destination 관광지 filled with ~로 가득 찬 resort 휴양지

Practice

01 Julie went to Main Street hoping to buy a bottle of the pure essential oils she
기출 1회 occasionally gets to perfume her house. Unfortunately, when she got there, the shop _____ had already closed for the night.

(a) that she bought the fragrant oils   (b) where she bought the fragrant oils
(c) which she bought the fragrant oils   (d) when she bought the fragrant oils

02 A building on Green Avenue caught fire last night. Fire officials are still investigating
기출 4회 the cause of the accident. A tenant on the third floor, _____, says he heard an explosion before the alarms went off.

(a) which the fire started   (b) when the fire started
(c) that the fire started   (d) where the fire started

당위성 & 이성적 판단

당위성 동사와 이성적 판단 형용사

출제 비중

시제	가정법	준동사	조동사	연결어	관계사	당위성 & 이성적 판단
6 문제	**6** 문제	**5** 문제	**2** 문제	**2** 문제	**2** 문제	**3** 문제

당위성 문제는 매회 3문제씩 출제되고 있다. 이 유형은 'should가 생략된 동사원형' 형태라고 해서 조동사 유형으로 분류하여 왔으나 본 책에서는 '당위성 및 이성적 판단'이라는 범주를 독립적으로 만들어 설명하였다.

보기에 동사원형과 다양한 시제가 같이 나오기 때문에 조동사 문제로 보게 되면 포인트를 놓치기 쉽다. 또한 일반적인 조동사의 의미인 능력(can), 의지(will), 의무(must, should)가 아니라 바람직한 일이나 행위가 이루어져야 함을 제안, 명령, 권고, 요구하는 내용이다. 따라서 that절에 '주어 + (should) + 동사원형'을 쓰는 '현재 가정법(Present Subjunctive)'으로 보는 것이 더 타당하다.

만점 포인트

첫째, 보기 중 동사원형(be동사 포함)이 나오면 앞에 당위성 동사나 이성적 판단 형용사가 있는지 확인한다.

둘째, 빈칸이 포함된 문장이 that절이고 주절에 당위성 동사나 이성적 판단 형용사가 있으면 보기에서 동사원형을 정답으로 선택한다.

셋째, 자주 출제되는 당위성 동사와 이성적 판단 형용사를 반드시 암기한다.

당위성 & 이성적 판단

지텔프 유형 공략하기

의미 바람직하거나 당연한 일을 주장, 요구, 제안, 권고할 때 that절에 (should+) 동사원형을 써서 당위성을 나타낼 때 사용한다

> 주어 + 당위성 동사 + that + 주어 + (should) + 동사원형 ~.
>
> It is + 이성적 판단 형용사 + that + 주어 + (should) + 동사원형 ~.

용법 **(1) 대표적인 당위성 동사**

> recommend(추천하다), advise(조언하다), ask(요청하다), beg(간청하다), command(명령하다), demand(요구하다), direct(지시하다), insist(주장하다), instruct(지시하다), intend(의도하다), order(명령하다), prefer(선호하다), propose(제안하다), request(요청하다), require(요구하다), stipulate(규정하다), suggest(제안하다), urge(촉구하다), warn(경고하다)

They **insisted** that the shop (should) **refund** the purchase because the product was defective.
그들은 제품에 결함이 있으니 그 상점이 환불해줘야 한다고 주장했다.

The teacher **instructed** that her students (should) **complete** the assignment by the due date.
선생님은 학생들에게 과제를 기한까지 끝내야 한다고 지시했다.

The coach **ordered** that the players (should) **show** up for practice extra early the next day.
감독은 선수들에게 다음날 특별히 일찍 연습에 나오라고 명령했다.

I **proposed** that my group (should) **get** together to study for the upcoming exams.
나는 다가오는 시험을 위해 우리 조가 함께 모여서 공부하자고 제안했다.

They **requested** that the company (should) **expand** their offices abroad to other countries.

그들은 회사가 해외 다른 나라들로 지사를 확장할 것을 요청했다.

The school **required** that the students (should) **wear** the proper uniforms.

학교는 학생들이 적합한 교복을 입어야 한다고 요구했다.

The instructions **stipulated** that consumers (should) **read** the warnings carefully before operating the machine.

사용 설명서에는 소비자들이 기기를 작동하기 전에 주의 사항을 주의 깊게 읽어야 한다고 명시되어 있었다.

Officials **urged** that people (should) **evacuate** their homes as the hurricane approached.

공무원들은 헤리케인이 다가옴에 따라 사람들이 집에서 대피해야 한다고 촉구했다.

We **warned** that people (should) **avoid** that particular neighborhood at night since it could be dangerous.

우리는 사람들이 위험할 수 있기 때문에 밤에 특정 지역을 피해야 한다고 경고했다.

(2) 대표적인 이성적 판단 형용사

> necessary(필요한), essential(필수인), important(중요한), vital(중요한), critical(결정적인), obligatory(의무적인), compulsory(강제적인), mandatory(의무적인), advisable(권할 만한, 바람직한), natural(당연한), right(옳은), just(정당한), fair(공정한), rational(이성적인), crucial(중대한), imperative(꼭 필요한), desirable(바람직한), best(최고의), appropriate(적합한) conceivable(상상할 수 있는), urgent(절실한)

It is **necessary** that employees (should) **wear** the proper equipment at the worksite.

근로자들은 작업장에서 적절한 장비를 착용하는 것이 필요하다.

It is **essential** that everyone (should) **have** access to affordable healthcare in any society.

모든 사람이 어느 사회에서나 저렴한 의료 서비스를 받는 것은 필수적이다.

It is **important** that he (should) **practice** before he goes to his first job interview.

그가 첫 취업 면접을 보기 전에 연습하는 것이 중요하다.

It was **vital** that we (should) **arrive** at our destination earlier than the appointed time.

우리가 약속 시간보다 일찍 목적지에 도착하는 것이 중요했다.

It is **advisable** that you (should) **avoid** highway one during rush hour.
퇴근 시간에는 1번 고속도로를 피하는 것이 바람직하다.

It was **crucial** that we (should) **study** the material in the textbook before our exams.
우리가 시험 전에 교과서에 있는 내용을 공부하는 것이 매우 중요했다.

It was **imperative** that people (should) **cooperate** with the government and medical experts during the health crisis.
사람들이 보건 위기 동안 정부 및 의료 전문가와 협력하는 것이 꼭 필요했다.

It was **appropriate** that the director of the popular movie (should) **win** the prestigious award.
그 인기 있는 영화의 감독이 권위 있는 상을 받는 것은 적절했다.

It was **conceivable** that he (should) **get** a brand-new smartphone as soon as it was launched.
새 스마트폰이 출시되자마자 그가 그것을 구입한다는 것은 상상할 수 있었다.

It is **inconceivable** that foreigners (should) **follow** different and unfair rules than the local populace.
외국인들이 내국인들과 다르고 불공정한 규칙을 따라야 한다는 것은 상상도 할 수 없다.

It is **urgent** that travelers (should) **book** their tickets at least a month in advance.
여행자들은 적어도 한 달 전에 표를 예약하는 것이 시급하다.

만점 포인트 **당위성 동사와 이성적 판단 형용사를 예문과 함께 미리 암기해 둔다.**

 보기에 동사원형과 다양한 시제가 같이 나오면 시제 문제 또는 당위성 문제이다.

 빈칸 앞에 당위성 동사나 이성적 판단 형용사가 있는지 확인한다.

 당위성 동사나 이성적 판단 형용사가 있으면 정답으로 동사원형인 보기를 선택한다.

Check

Most iPhone users detest the frequent compulsory updates, but IT experts warn they are vital for the security of one's phone. It is therefore **recommended** that users _____ their smart phones to allow the automatic update unless they prefer otherwise.

(a) set up
(b) are setting up
(c) have set up
(d) will set up

대부분의 아이폰 사용자들은 빈번한 강제 업데이트를 싫어하지만, IT 전문가들은 휴대폰의 보안을 위해 필수적이라고 주의를 준다. 따라서 사용자가 다른 방법을 선호하지 않는다면 자동 업데이트를 허용하도록 스마트폰을 설정하는 것이 권장된다.

정답 **(a)**

해설 보기에 동사구 set up이 다양한 시제와 동사원형으로 나왔으므로 시제 문제 아니면 당위성 문제이다. 빈칸 앞뒤에 시간 부사구나 당위성 동사 또는 이성적 판단 형용사가 있는지 확인한다. 빈칸 앞에 당위성 동사인 recommend가 나왔으므로 당위성 문제이다. 따라서 that절에 당위성을 나타내는 should가 생략된 동사원형이 정답이다. 보기 중 이 조건을 충족시키는 것은 (a) set up이다. 문제를 바로 풀기 위해서 당위성 동사와 이성적 판단 형용사는 반드시 암기해야 한다.

어휘 detest 싫어하다 frequent 빈번한 compulsory 강제의, 의무의 expert 전문가 warn 경고하다, 주의를 주다 vital 중요한 security 보완 recommend 권장하다, 추천하다 set up 설정하다 prefer 선호하다 otherwise 다른 식으로

Movie stars and internet celebrities enjoy privileges that regular people usually do not. As a result, oftentimes, people believe it is **important** that they _____ to uphold higher norms of conduct.

(a) have been required
(b) be required
(c) will be required
(d) were required

영화배우들과 인터넷 유명인들은 보통 일반인들이 누리지 않는 특권을 누린다. 결과적으로, 종종, 사람들은 그들이 더 높은 행동 규범을 유지하도록 요구받는 것이 중요하다고 믿는다.

정답 **(b)**

해설 보기에 동사 require가 다양한 시제와 동사원형으로 나왔으므로 시제 문제 아니면 당위성 문제이다. 빈칸 앞뒤에 시간 부사구나 당위성 동사 또는 이성적 판단 형용사가 있는지 확인한다. 빈칸 앞에 이성적 판단 형용사인 important가 나왔으므로 당위성 문제이다. 그러므로 that절에서 should가 생략된 동사원형이 정답이다. 보기 중 이 조건을 충족시키는 것은 (b) be required이다.

어휘 celebrity 유명인사 privilege 특권 regular people 일반인 as a result 결과적으로 oftentimes 종종 be required to ~하도록 요구되다 uphold 유지하다 norm of conduct 행동 규범

Practice

01 Many computer users hate priority updates, but tech experts say they're
기출 1회 important for the computer's security. It is advised that users _____ their
computer to allow automatic updates, unless they prefer manual updates.

(a) will set   (b) are setting
(c) have set   (d) set

02 Jamal's marriage counselor frequently stresses that he _____ carefully
기출 1회 when his spouse comes to him with a complaint. In keeping with this advice,
Jamal now asks questions and withholds judgment instead of immediately trying
to defend himself.

(a) listen   (b) listens
(c) will listen   (d) is listening

03 When the body loses fluids, it also loses essential salts like sodium and
기출 1회 potassium. To avoid headaches and other symptoms of dehydration, doctors
suggest that one _____ drinking fluids throughout the day.

(a) will continue   (b) has continued
(c) continues   (d) continue

04 Napping is a good way to feel refreshed and energized. However, doctors
기출 2회 recommend that a person only _____ a 20- to 30-minute nap to stay alert
and perform well without feeling groggy.

(a) will take   (b) take
(c) has taken   (d) takes

05 Forgetting about the big football game, Marlon went to the supermarket
and ended up stuck in traffic for three hours. His friends suggested that he
_____ an eye on the home game schedule from now on.

(a) keep
(b) will keep
(c) kept
(d) is keeping

06 Professor Craig is so strict that many of his students drop out halfway through
the semester. The dean advised that the professor _____ his students fairly,
or his class will be canceled due to lack of enrollment.

(a) will treat
(b) treats
(c) is treating
(d) treat

07 Mr. O'Leary, a flower enthusiast, says that azaleas can bloom for up to eight
weeks. To enjoy the blooms the longest time possible, he advises that hobbyists
_____ the bell-shaped flowers in late spring.

(a) will plant
(b) plant
(c) are planting
(d) planted

08 Please tell your boss to return my call as soon as possible. I am urging that he
_____ about the ongoing drop of your company's stock prices immediately.

(a) finds out
(b) is finding out
(c) has found out
(d) find out

Chapter 7 당위성 & 이성적 판단 : **117**

09 Travis couldn't agree to a job interview because he had promised to watch his
기출 3회 son's baseball game on the same date. He called the HR head to request that his
interview _____ to a later day.

(a) be moved   (b) will be moved

(c) has been moved   (d) is moved

10 Government officials enjoy special privileges that ordinary citizens do not.
기출 4회 Because of this, many people believe it necessary that government officials
_____ to a higher standard of behavior.

(a) have been held   (b) be held

(c) will be held   (d) were held

11 The travel agency wasn't able to find us a good deal for our trip during the
기출 4회 Christmas holidays. The agent recommended that we _____ our trip until
after the peak season ends.

(a) postponed   (b) are postponing

(c) will postpone   (d) postpone

12 After a series of credit checks, Pacific West Bank learned about Mr. Frasier's
기출 4회 outstanding loan balance with another bank. The bank refused his request for a
loan and suggested that he _____ for financial support elsewhere.

(a) apply   (b) applies

(c) will apply   (d) applied

13 Cakes Ahoy, the local bakery on Palmer Street, is facing stiff competition from
기출 5회 global brands. It is vital that the company _____ rebranding their business
to stay abreast of the market.

(a) consider
(b) is considering
(c) has considered
(d) considers

14 Any gardener knows that weeds compete with landscaping plants for sunlight
기출 5회 and water. It is therefore important that the weeds _____ regularly to ensure
that the plants get adequate nutrition.

(a) were removed
(b) be removed
(c) have been removed
(d) will be removed

15 As part of the president's anticorruption campaign, many government officials are
기출 5회 being investigated for overspending and having luxurious lifestyles. The president
believes it is necessary that the people _____ trust in the government.

(a) have maintained
(b) maintained
(c) will maintain
(d) maintain

MEMO

ACTUAL
TEST

기출 실전테스트

1. Yesterday, I was late for my cousin's birthday party. She was already cutting the cake when I arrived. If I hadn't gone to the salon to have my nails done, I _____ to the party on time.

   (a) would get
   (b) will be getting
   (c) had gotten
   (d) would have gotten

2. The newspaper finally found a copy editor from among the applicants that took the editing test this morning. Not surprisingly, the candidate _____ on the test was chosen.

   (a) which got the highest score
   (b) who got the highest score
   (c) whom got the highest score
   (d) what got the highest score

3. Cakes Ahoy, the local bakery on Palmer Street, is facing stiff competition from global brands. It is vital that the company _____ rebranding their business to stay abreast of the market.

   (a) consider
   (b) is considering
   (c) has considered
   (d) considers

4. Hannah got angry at George for saying that she looked like an old maid in her outfit. Not wanting to upset her further, George apologized immediately and said that he

   _____.

   (a) just joked
   (b) was just joking
   (c) has just been joking
   (d) is just joking

5. I bought a new pair of earphones to use when running. I like that the earbuds don't fall out easily. I _____ also hear traffic through it, so it's safe for running in the city.

(a) may
(b) shall
(c) can
(d) could

6. Barry is very excited about going to college, especially since he will be attending Harvard. He has daydreamed his whole life about going to the Ivy League university but never anticipated actually _____ admission.

(a) to have gained
(b) having gained
(c) to gain
(d) gaining

7. I think Grandpa hasn't gotten into the habit of taking his medicine yet. If he were mindful of it, Grandma _____ to remind him to take his medicine every time.

(a) will not have
(b) would not have had
(c) would not have
(d) does not have

8. Abby's online clothing store has gained a strong following only a month after its launch. It is so successful that Abby is looking for more clothes _____ in order to meet the demand from eager buyers.

(a) to sell
(b) having sold
(c) selling
(d) to have sold

9. Sean is feeling sleepy and knows he should pull the car over for a nap soon. By the time he gets to the next rest area, he _____ for at least four hours.

(a) had driven
(b) will be driving
(c) drives
(d) will have been driving

10. Any gardener knows that weeds compete with landscaping plants for sunlight and water. It is therefore important that the weeds _____ regularly to ensure that the plants get adequate nutrition.

(a) were removed
(b) be removed
(c) have been removed
(d) will be removed

11. I can understand why you're not very happy about waiting tables, but you can find a better job when you finish school. _____, you should work hard on your studies.

(a) Besides
(b) Meanwhile
(c) In fact
(d) Likewise

12. Charles failed to close an important deal after submitting an incomplete business proposal. If he had listened more closely to his client's needs during their first meeting, he _____ a more convincing proposal.

(a) would prepare
(b) had prepared
(c) would have prepared
(d) was preparing

13. Trier, a city in southwestern Germany, is as beautiful and charming as the more famous German cities. Moreover, it has cheaper restaurants and hotels. It's also worth _____ that Trier is the country's oldest city.

(a) to mention
(b) having mentioned
(c) to be mentioning
(d) mentioning

14. My list of things to do during my out-of-town trip next week just keeps getting longer. I _____ them off one by one as I go from one activity or site to another.

(a) will be checking
(b) am checking
(c) have checked
(d) will have been checking

15. Sheila made herself a cup of coffee to help her stay awake while studying. However, the coffee did not seem to work. _____ becoming alert after drinking it, she felt even sleepier.

(a) While
(b) In addition to
(c) Rather than
(d) Aside from

16. My talented friend Naomi made a documentary about the local art scene, and it will premiere at the Hillsboro Film Festival next month. I can't wait _____ it so I can see Naomi's hard work.

(a) having watched
(b) watching
(c) to watch
(d) to be watching

17. The Foxes lost to the Boomerangs in the playoffs following their star player Nelson Hale's injury. If Hale's knee had not been injured, I bet he _____ his team to their third straight victory this season.

(a) had led
(b) would have led
(c) will lead
(d) would lead

18. BGC Group underwent major shifts after it was acquired by the Manhattan-based LCM Network. For one, they _____ from their radio station in Brooklyn for 30 years before they moved to Midtown Manhattan.

(a) have been broadcasting
(b) will have broadcasted
(c) are broadcasting
(d) had been broadcasting

19. Everyone was shocked when the boss started shouting at the sales team for poor performance. The staff understood why she was frustrated, but they did not consider _____ to be an appropriate response.

(a) yelling
(b) to be yelling
(c) to yell
(d) having yelled

20. When I was a child, we lived in a house near Honda Beach. I visited the place again last week, and it wasn't the same. The beach, _____, is now a tourist destination filled with resorts.

(a) which we used to swim for free
(b) when we used to swim for free
(c) that we used to swim for free
(d) where we used to swim for free

21. Shadow bands are wavy stripes of light that appear during a total solar eclipse, but they are most visible when in motion. If one were to photograph them, the shadow bands _____ in the still image.

(a) are probably not showing up
(b) would probably not have shown up
(c) would probably not show up
(d) will probably not show up

22. As part of the president's anti-corruption campaign, many government officials are being investigated for overspending and having luxurious lifestyles. The president believes it is necessary that the people _____ trust in the government.

(a) have maintained
(b) maintained
(c) will maintain
(d) maintain

23. Luke's professors are alarmed by his absences, and they worry that he might be forced to quit school soon. He _____ his classes since he got a part-time job at a fast food chain.

(a) has not been attending
(b) did not attend
(c) would not attend
(d) had not been attending

24. "Playborhood" is a movement that promotes the creation of more open spaces in the neighborhood for children to play in. Its supporters believe that children _____ go outside and play to develop their creativity.

(a) could
(b) should
(c) would
(d) shall

25. Sara is contemplating a trip across town to pay a client a visit. He might be away on a trip, though. If I were her, I _____ the client first to check if he is in town.

(a) would call
(b) had called
(c) would have called
(d) will call

26. The popular womenswear brand Boundless Sky will be selling their clothes exclusively online starting next week. This is because more and more people _____ online nowadays.

(a) have shopped
(b) will be shopping
(c) are shopping
(d) had been shopping

▶ ▶ ▶ 정답 · 해석 · 해설 p.24

1. The quarterly audit of Marcus Industries showed a big difference between its reported gross income and the actual cash on hand. The company owner, Travis Marcus, launched an investigation _____ where the missing money went.

   (a) having determined
   (b) to determine
   (c) to be determining
   (d) determining

2. Cousin Matilda will be in Kendal City next month for a one-day conference. I haven't seen her in years, so I called to insist that she _____ her night with us while she's in town.

   (a) spends
   (b) will spend
   (c) is spending
   (d) spend

3. David signed up for the only anthropology class that still had slots available. However, the professor was so demanding that he failed. If David had known, he _____ until next semester to take the course.

   (a) would have waited
   (b) will wait
   (c) would wait
   (d) had waited

4. Michael should really buy a new bicycle. Yesterday, he almost had an accident on the way home when the handlebars on his 10-year-old bike broke. Soon after, he _____ his house when the brakes failed!

   (a) was approaching
   (b) had been approaching
   (c) has approached
   (d) approached

5. Our marketing supervisor wanted to send the newly hired salespeople into the field immediately to increase sales. Knowing they weren't ready, the VP for sales suggested _____ the new recruits on basic salesmanship first.

(a) having trained
(b) to be training
(c) training
(d) to train

6. The Shelton Condominiums association has received many complaints about safety issues lately due to poor maintenance. Among other things, the elevators _____ for three months before management decided to fix them.

(a) will malfunction
(b) had been malfunctioning
(c) malfunctioned
(d) have been malfunctioning

7. People who suffer from diabetes don't have to avoid eating sweet treats altogether. There are many types of fruit, such as kiwis and peaches, that diabetics _____ eat without risking increased blood sugar levels.

(a) must
(b) can
(c) will
(d) should

8. On our way to school, we pass by a house where a bad-tempered old man lives. We always avoid _____ too close to that house for fear of being yelled at by the cranky man.

(a) to get
(b) having gotten
(c) getting
(d) to be getting

9. Mrs. Whitfield is so mad at her poodle for ruining the geraniums in her garden. She _____ her flower bed of the ruined plants now. Tomorrow, she'll plant new seeds again.

(a) clears
(b) has been clearing
(c) cleared
(d) is clearing

10. For centuries, we have been relying mostly on harmful fossil fuels for energy. If hydrogen were to be fully developed as a fuel, we _____ a limitless source of clean energy in water.

(a) would have
(b) would have had
(c) are having
(d) will have

11. The Zyklones are a punk rock band that's enjoying great success in Europe and Asia. However, the achievement _____ true international renown is making it in the US music scene.

   (a) who will bring the band
   (b) what will bring the band
   (c) which it will bring the band
   (d) that will bring the band

12. Camille is so disappointed that she will miss the premiere of the seventh *Journey through the Galaxy* movie. If she were not working the night shift, she _____ to the screening at five o'clock this evening.

   (a) could have gone
   (b) can go
   (c) could go
   (d) had gone

13. Vera and I have things to discuss about tomorrow's Halloween party, but I need to go buy the decorations and party favors now. She is dropping by at 4 p.m., but until then, I _____ at Marcy's Party Supplies.

   (a) will be shopping
   (b) have shopped
   (c) will shop
   (d) had been shopping

14. I suggest you hurry up painting the fence and stop talking to the neighbor. It _____ be noon soon, and the hot midday sun tends to make outdoor work unbearable.

   (a) could
   (b) will
   (c) might
   (d) must

15. Any country that wants to have nuclear weapons shouldn't be concerned with developing the arms alone; they should also have test sites. Countries must consider _____ a weapon's range and effectiveness to be high priorities.

   (a) having tested
   (b) to be testing
   (c) to test
   (d) testing

16. Although humans kill them by the millions, mosquitoes are still one of the planet's most successful insects in terms of numbers. If they didn't reproduce so well, we _____ of mosquitoes more easily.

   (a) will get rid
   (b) would have gotten rid
   (c) would get rid
   (d) are getting rid

17. Ray is watching a meteor shower on the rooftop of his apartment building. The shower will last for hours, and by the time it ends at 3 a.m., he _____ up there for six hours.

    (a) will be sitting
    (b) has sat
    (c) will have been sitting
    (d) sits

18. My company suffered another huge quarterly loss and just announced a major decrease in our year-end bonuses. _____ we were saddened by the news, it was still a better option than losing our jobs.

    (a) Because
    (b) Although
    (c) Unless
    (d) Whenever

19. Not many people bought Aston Electronics' new smartphone because its features were too limited, so the model has been discontinued. If Aston engineers had designed the device using the existing 5G technology, more people _____ it.

    (a) had bought
    (b) would buy
    (c) would have bought
    (d) were buying

20. As this is your first day of work, I know that most of you have concerns. Don't hesitate _____ me any questions. It'll show that you're really interested in this firm you've just joined.

    (a) to have asked
    (b) asking
    (c) having asked
    (d) to ask

21. Colette is proud to be bilingual. She speaks English as her first language. At the same time, French, _____ from her father, comes naturally to her as a second language.

    (a) which she learned as a child
    (b) that she learned as a child
    (c) what she learned as a child
    (d) who she learned as a child

22. Due to heavy traffic, it takes Chester three hours to reach the office in his new car. His boss recommends that Chester _____ taking the subway to shorten his travel time.

    (a) resumes
    (b) resume
    (c) will resume
    (d) has resumed

23. Delecta Foods brought down a product's cost by using cheap ingredients. Soon, customers were complaining about the poor quality of the product. If Delecta _____ its usual high standards, the company wouldn't have suffered such embarrassment.

(a) had maintained
(b) would maintain
(c) maintains
(d) were to maintain

24. Many students prefer the ease of using search engines over going to the library to do research. However, Laura still prefers the library _____ she likes the smell of ink on new books.

(a) even though
(b) because
(c) anytime
(d) so that

25. Our office receives no clients and seldom has visitors. That's why management doesn't require that we _____ to work in formal office attire and instead encourages us to wear comfortable clothes.

(a) will report
(b) are reporting
(c) report
(d) reported

26. Mr. Abbot is confident that he'll make a successful presentation at the board meeting tomorrow. He _____ his speech for three weeks now, and his slideshow presentation is very impressive.

(a) practiced
(b) is practicing
(c) had practiced
(d) has been practicing

▶▶▶정답 • 해석 • 해설 p.29

1. Mr. Kruger won't go to work tomorrow because he has to fulfill an important commitment. It's his son's fifth birthday, and Mr. Kruger has promised that he _____ take the boy to OceanWorld.

    (a) may
    (b) will
    (c) can
    (d) should

2. Many cell phone models have different features that appeal to different customers. These include sleek designs, wide screens, and special applications. The feature _____ in a cell phone is a high-resolution camera.

    (a) what Abby is looking for
    (b) which Abby is looking for it
    (c) who Abby is looking for
    (d) that Abby is looking for

3. Clarisse performed so poorly on the final exam in anatomy that she might've failed the class. Fortunately, her professor only requires that she _____ a written report for extra credit to make up the lost points.

    (a) submits
    (b) will submit
    (c) submit
    (d) has submitted

4. It won't be long until Pamela's dream vacation finally becomes a reality. She _____ for the past two years for a month-long vacation in Zurich. This summer, she will be flying first class to the Swiss capital.

    (a) will save
    (b) saved
    (c) has been saving
    (d) is saving

5. In her rush to get to the office, Lisa left an important folder on the kitchen table this morning. Now, she has _____ back home to fetch it, with the risk of arriving late for work.

(a) to drive
(b) having driven
(c) to be driving
(d) driving

6. The customers of Café Versátil are always satisfied with the wide variety of choices on the restaurant's menu. Aside from the usual Spanish cuisine, they _____ also order dishes from other parts of Europe.

(a) should
(b) can
(c) will
(d) would

7. Yvonne is known among her friends as the best person to discuss problems with. She doesn't mind _____ to her friends talk in detail about their concerns, and she always tries to offer fair advice.

(a) listening
(b) to listen
(c) having listened
(d) to have listened

8. Our company president felt responsible for approving the release of a poorly-designed product that failed in the market. If she had invested more in R&D, the product _____ a better chance of succeeding.

(a) will have had
(b) has had
(c) would have
(d) would have had

9. Suspension medicines contain liquids and solids that don't mix together well. That's why it is recommended that they _____ first before use. Otherwise, the solid ingredients will settle at the bottom of the bottle.

(a) be shaken
(b) have been shaken
(c) are shaken
(d) will be shaken

10. The president of the Lakeville Heights homeowners association was proven to have misused its funds. Some members of the association _____ for the guilty officer to be replaced.

(a) now petition
(b) are now petitioning
(c) had now petitioned
(d) were now petitioning

11. Dan is having difficulty choosing the color of his new car. Beige and white, _____ for California's sunny climate, would be his practical choices. However, he really finds dark-blue and black cars elegant.

    (a) what are the ideal colors
    (b) that are the ideal colors
    (c) which are the ideal colors
    (d) who are the ideal colors

12. Due to a small budget, Greenest Earth, Inc., is considering selling its new patent for cleaning up oil spills. If the company were to get enough money to develop the technology, it _____ millions in profits.

    (a) has made
    (b) would have made
    (c) will make
    (d) would make

13. Last night, an under-the-weather James broke his high school baseball team's record for most runs by a single player. If he had sat out the game, he _____ the record that had stood for nearly 10 years.

    (a) would not break
    (b) had not broken
    (c) would not have broken
    (d) will not have broken

14. The residents of West Palm Beach had no reason to worry about another massive flood, after all. It _____ continuously for a week until the sun finally came out last Thursday.

    (a) had been raining
    (b) was raining
    (c) has rained
    (d) will rain

15. Many people prune their trees every year to keep branches from growing out of control. Arborists advise _____ limbs and branches in the springtime while they are actively growing rather than during the fall.

    (a) to trim
    (b) to have trimmed
    (c) having trimmed
    (d) trimming

16. Writers often get overconfident that their newly-finished work is error-free. However, it is the little typos, such as misplaced commas, that often go unnoticed. It is better _____ a manuscript as many times as possible.

    (a) proofreading
    (b) to proofread
    (c) having proofread
    (d) to be proofreading

17. Why won't you take the offer to head our office in London? Are you worried about leaving your family? If I were you, I _____ the job now, and then have my family follow later.

(a) would have accepted
(b) will accept
(c) have accepted
(d) would accept

18. It's too bad you can only visit us on Saturday. We already have a nature trip planned for this weekend. If you want to join us, we _____ in a cabin at the Golden Sun Park.

(a) stay
(b) will be staying
(c) will have been staying
(d) have stayed

19. We have to work in two groups to finish the film assigned to us on time. One group will work on the storyline and equipment, _____ the other group will scout for talent and locations.

(a) unless
(b) hence
(c) after
(d) while

20. Pierce was eager to close a million-dollar deal, but he came down with the flu and missed yesterday's appointment. If he hadn't looked so awful and sick, he _____ with the client to close the deal.

(a) would meet
(b) would have met
(c) is meeting
(d) had met

21. Some fads that become popular worldwide can be fun but dangerous. For example, planking, which involves _____ face-down on high, narrow spaces, sometimes leads to accidents—and even death.

(a) lying
(b) to lie
(c) having lain
(d) to have lain

22. Marlon has been studying so intensely for his final exam in physics that he has barely had time for anything else. By this time tomorrow, he _____ *Conceptual Physics* for five days straight!

(a) will be reading
(b) will have been reading
(c) will read
(d) has been reading

23. Brigitte and Tanya don't have enough time to exercise lately because of their hectic work schedule. If their office on 8th Avenue weren't so far away from their apartment, they _____ to work every day.

(a) would have walked
(b) will walk
(c) would walk
(d) have walked

24. The archeologists didn't expect to uncover any relics at the neglected Mayan site. After discovering remarkable jade artwork and jewelry, however, the lead archeologist is now insisting that they _____ the old site more thoroughly.

(a) search
(b) are searching
(c) will search
(d) searched

25. Greg was worried about the seeming lack of enthusiasm during his board presentation. Disappointed, he _____ his talk when the CEO jumped out of his seat and congratulated him on a job well done.

(a) had been ending
(b) ended
(c) was ending
(d) had ended

26. During the Carboniferous period, the air had 50 percent more growth-promoting oxygen than it does today. _____ this oxygen surplus, insects grew to gigantic sizes, such as bird-sized dragonflies and three-meter-long millipedes.

(a) Because of
(b) In spite of
(c) In case of
(d) Instead of

▶ ▶ ▶ 정답 · 해석 · 해설 p.34

GRAMMAR NOTES

문법 만점 공식

1. 시제

(1) 현재 진행

반드시 암기해야 할 현재진행 시제와 자주 쓰이는 부사(구)

now, right now, at the moment, nowadays, these days, at this time/week/month, on the weekend, currently, continually, constantly, presently, temporarily

(2) 과거 진행

과거진행 시제와 함께 쓰이는 부사절

'when 주어+동사의 과거형', 'while 주어+동사의 과거형/과거진행형'이 나오면 주절은 과거진행 시제가 쓰인다.

(3) 미래 진행

미래진행 시제와 자주 쓰이는 부사(구)와 부사절

- 부사구: next week/month/year, tomorrow, next time, until then
- 부사절: when+현재 시제절, while+현재/현재진행 시제절, until+현재 시제절

(4) 현재완료진행

현재완료진행 시제와 자주 쓰이는 부사(구)와 부사절

- for + 시간명사 (+now) / lately / throughout + 명사
- since + 과거 시점 / 과거 시제절

(5) 과거완료진행

과거완료진행 시제와 자주 쓰이는 부사구와 부사절

- 기간 표현 부사구: for + 시간명사
- 과거 특정 기준 시점 부사절: when + 과거 시제절, before + 과거 시제절, until +과거 시제절

(6) 미래완료진행

미래완료진행 시제와 자주 쓰이는 부사구와 부사절

- 기간 표현 부사구: for + 시간명사
- 미래 특정 시점 부사구(절): by the time + 현재 시제절, when + 현재 시제절, by/in + 미래 시점

* 주의할 점
- ❶ 기간을 나타내는 부사구와 미래 시점을 나타내는 부사구(절)가 함께 나올 때, 미래완료진행 시제가 정답이 된다.
- ❶ 'by the time + 현재 시제절'이나 'when + 현재 시제절'처럼 시간을 나타내는 부사절에서는 현재 시제가 쓰여도 미래의 의미를 나타내므로 미래의 특정 시점을 알려주는 부사절로 본다.

2. 가정법

가정법은 사실을 반대로 돌려서 가정해서 말할 때 사용된다. 대화상 부정적인 답변을 해야 할 경우, 상황을 긍정적으로 가정해서 완곡하게 표현하는 화법이다. 지텔프 문법에서 매회 6문제가 출제되므로 가정법 공식을 반드시 암기해 두어야 한다.

(1) 가정법 과거

기본 형태: If+주어+과거형 동사 ~, 주어+would/should/could/might+동사원형 ~.

If가 생략된 도치 형태

- Did + 주어 + 동사원형(일반동사) ~, 주어 + would/should/could/might + 동사원형 ~.
- Were + 주어 + 보어 ~, 주어 + would/should/could/might + 동사원형 ~.

[~가 없다면 ~할 것이다]

If it were not for + 명사/동명사, 주어 + would/should/could/might + 동사원형 ~.
= Were it not for + 명사/동명사, 주어 + would/should/could/might + 동사원형 ~.
= Without + 명사/동명사, 주어 + would/should/could/might + 동사원형 ~.
= But for + 명사/동명사, 주어 + would/should/could/might + 동사원형 ~.

(2) 가정법 과거완료

기본 형태: If+주어+had p.p. ~, 주어+would/should/could/might+have p.p. ~.

If가 생략된 도치 형태: Had + 주어 + p.p., 주어+would/should/could/might+have p.p. ~.

[~가 없었다면 ~했을 것이다]

If it had not been for+명사/동명사, 주어+would/should/could/might+have p.p. ~.
= Had it not been for+명사/동명사, 주어+would/should/could/might+have p.p. ~.
= Without +명사/동명사, 주어+would/should/could/might+have p.p. ~.
= But for +명사/동명사, 주어+would/should/could/might+have p.p. ~.

3. 준동사

(1) 동명사

동명사는 동사원형에 ~ing를 붙여서 문장에서 주어, 목적어, 보어 등의 명사적 기능을 한다. 지텔프 시험에서 많이 출제되는 동명사를 목적어로 취하는 동사를 반드시 암기해야 한다.

동명사를 목적어로 취하는 동사

finish(끝내다), stop(그만두다), quit(그만두다), give up(그만두다), escape(피하다), avoid(피하다), postpone(연기하다), delay(미루다), mind(꺼리다), enjoy(즐기다), keep(유지하다), practice(연습하다), advocate(옹호하다), risk(~의 위험을 무릅쓰다), consider(고려하다), admit(인정하다), deny(부인하다), insist(주장하다), resist(참다), dislike(싫어하다), discontinue(중단하다), be worth(~할 가치가 있다), feel like(~하고 싶다), anticipate(기대하다), advise(충고하다), discuss(토론하다), mention(언급하다), recommend(추천하다), involve(포함하다), miss(놓치다), suggest(제안하다), recall(기억해내다)

(2) to부정사

to부정사는 'to + 동사원형' 형태로 문장에서 명사, 형용사, 부사의 역할로 사용된다. 지텔프 문법에서 많이 출제되는 to부정사를 목적어로 취하는 동사를 반드시 암기해 두어야 한다.

to부정사를 목적어로 취하는 동사

계획/결정: plan(계획하다), mean(의도하다), determine(결정하다), decide(결심하다), choose(선택하다), hesitate(망설이다), attempt(시도하다)

소망/기대: wish(소망하다), hope(희망하다), want(원하다), expect(기대하다), long(갈망하다), care (~하고 싶다), need(필요로 하다), promise(약속하다), pretend(~인 체하다), aim(목표로 하다), desire(바라다)

동의/거절: agree(동의하다), refuse(거절하다)

*가끔 출제되는 to부정사를 목적격 보어로 취하는 동사들도 함께 암기해야 한다

to부정사를 목적격보어로 취하는 동사

allow(허락하다), encourage(격려하다), invite(초대하다), permit(허락하다), require(요구하다), ask(요구하다), convince(설득하다), expect(기대하다), persuade(설득하다), tell(말하다), warn(경고하다), cause (야기하다), enable(가능하게 하다), force(강요하다), order(명령하다), urge(촉구하다)

4. 조동사

지텔프 문법에서 조동사 4총사 can, will, should, must(have to, had to, has to)가 자주 출제된다. 주로 능력, 확실한 가능성, 의무, 충고 등 의미가 명확한 조동사들이 나온다.
첫째, 보기에 조동사들이 나오면, 우선 조동사 4총사가 있는지 확인한다.

둘째, 보기에 4총사 중 하나만 나오면 그 조동사가 정답이다.

셋째, 4총사가 여러 개 나오면, 빈칸 앞뒤 문장에 조동사를 하나씩 대입해서 자연스러운 것을 고른다.

1. can(be able to), could(was/were able to), will be able to: (~할 수 있다) 능력, 가능성

He **can** speak three languages including English.

그는 영어를 포함하여 세 개의 언어를 말할 수 있다.

2. will: (~할 것이다) 단순 미래, 주어의 의지

I **will** do my best to pass the exam.

나는 시험에 합격하기 위해 최선을 다할 것이다.

3. must: (~해야 한다) 필수, 의무, (~임에 틀림 없다) 확실한 추측

To get a good grade, you **must** submit your assignment on time.

좋은 점수를 받으려면 과제를 제때 제출해야 한다. (필수)

He **must** be tired after a long travel.

그는 긴 여행 후에 분명히 피곤함에 틀림없다. (확실한 추측)

4. should: (~해야 한다) 충고, 권유, 당연, 의무

When you cross a busy street, you **should** be careful.

번잡한 길을 건널 때는 조심해야 한다.

5. 연결어

시간의 순서

after(~한 후에), as soon as(~하자마자), before(~하기 전에), since(~이후로), until(~할 때까지)

동시 상황

at that time(그때에), at the same time(동시에), meanwhile(그러는 동안), while(~하는 동안)

이유, 결과, 목적

because(~때문에), since(~때문에), so(그래서), thus(그래서), as a consequence of(~의 결과로), as a result(그 결과), consequently(결과적으로), hence(따라서), in consequence(그 결과), therefore (그러므로), so that(~하기 위해서), in order that(~하기 위해서)

양보, 비교, 대조

though(~이지만), although(~이지만), even though(~이지만), even so(그렇기는 하지만), while(반면 에), whereas(반면에), however(그러나), on the contrary(그와 반대로), on the other hand(다른 한편 으론), anyway(어쨌든), in any case(어쨌든), nevertheless(그럼에도), alternatively(그 대신에), instead (대신에), all the same(그래도 여전히)

정보 추가

above all(무엇보다도), after all(결국, 어쨌든), besides(~외에), furthermore(더욱이), in addition to (~외에, ~뿐 아니라), likewise(마찬가지로), moreover(게다가), similarly(비슷하게), what's more(게다가), in fact(사실은)

조건, 가정

if(~한다면), if not(~하지 않으면), unless(~하지 않는다면), if so(그렇다면), otherwise(그렇지 않으면), as long as(~하는 한), so long as(~하기만 한다면), assuming (that)(~라고 가정하면), supposing(that) (~라고 가정하면), provided (that)(~라면)

상관접속사

- both A and B (A와 B 둘 다)
- either A or B (A 혹은 B)
- neither A nor B (A도 아니고 B도 아닌)
- not A but B (A가 아니라 B)
- not only A but also B = B as well as A (A뿐만 아니라 B도)
- A rather than B = rather A than B (B라기 보다는 A하다)
- whether A or B (A이든지 B이든지 간에)

6. 관계사

(1) 관계대명사

앞뒤 문장을 연결하는 접속사의 기능과 뒤의 문장에서 주어나 목적어 역할을 동시에 한다.

관계대명사의 선행사와 격

선행사	주격	소유격	목적격
사람	who	whose	whom (who)
사물, 동물	which	whose (of which)	which
사람, 사물, 동물	that	소유격 없음	that
선행사를 포함	what	소유격 없음	what

＊선행사의 수와 뒤에 오는 동사의 수가 일치한다.

(2) 관계부사

앞뒤 문장을 연결하는 접속사의 기능과 뒤의 문장에서 시간, 장소, 이유, 방법 등 부사 역할을 한다.

관계부사와 선행사

	선행사	관계부사
장소	the place, the city, the house 등	where
시간	the time, the day, the period 등	when
이유	the reason	why
방법	(the way는 생략됨)	how *the way와 how는 함께 쓸 수 없으므로 the way 또는 how만 써야 한다.

7. 당위성 & 이성적 판단

바람직하거나 당연한 일을 주장하거나, 요구거나, 제안하거나, 권고할 때 that절에 '(should)+동사원형'을 사용하여 당위성을 표현할 수 있다. 당위성 문제와 이성적 판단을 나타내는 문제가 3문제 출제되므로 당위성 문장 공식을 잘 암기해 두어야 한다. 당위성을 나타내는 문장은 두 가지 형태를 취한다.

당위성 표현: 주어+당위성 동사+that+주어+(should)+동사원형

- 당위성 동사

  recommend(추천하다), advise(조언하다), ask(요청하다), beg(간청하다), command(명령하다), demand(요구하다), direct(지시하다), insist(주장하다), instruct(지시하다), intend(의도하다), order(명령하다), prefer(선호하다), propose(제안하다), request(요청하다), require(요구하다), stipulate(규정하다), suggest(제안하다), urge(촉구하다), warn(경고하다)

이성적 판단 표현: It is+이성적 판단 형용사+that+주어+(should)+동사원형

- 이성적 판단 형용사

  necessary(필요한), essential(필수적인), important(중요한), vital(중요한), critical(결정적인), obligatory(의무적인), compulsory(강제적인), mandatory(의무적인), advisable(권할 만한, 바람직한), natural(당연한), right(옳은), just(정당한), fair(공정한), rational(이성적인), crucial(중대한), imperative(꼭 필요한), desirable(바람직한), best(최고의), appropriate(적합한) conceivable(상상할 수 있는), urgent(절실한)

G-TELP KOREA 문제 제공
지텔프 기출 문법 Level 2

2021. 11. 12. 1판 1쇄 발행
2022. 4. 5. 1판 2쇄 발행
2023. 1. 11. 1판 3쇄 발행
2023. 4. 5. 1판 4쇄 발행
2024. 1. 10. 1판 5쇄 발행
2024. 6. 26. 1판 6쇄 발행

지은이 │ G-TELP KOREA 문제 제공
성안당 지텔프 연구소 해설
펴낸이 │ 이종춘
펴낸곳 │ **BM** ㈜도서출판 **성안당**
주소 │ 04032 서울시 마포구 양화로 127 첨단빌딩 3층(출판기획 R&D 센터)
│ 10881 경기도 파주시 문발로 112 파주 출판 문화도시(제작 및 물류)
전화 │ 02) 3142-0036
│ 031) 950-6300
팩스 │ 031) 955-0510
등록 │ 1973. 2. 1. 제406-2005-000046호
출판사 홈페이지 │ **www.cyber.co.kr**
ISBN │ 978-89-315-5759-6 (13740)
정가 │ **15,000원**

이 책을 만든 사람들
책임 │ 최옥현
진행 │ 김은주
편집 · 교정 │ 김은주
본문 디자인 │ 나인플럭스
표지 디자인 │ 나인플럭스, 박원석
홍보 │ 김계향, 임진성, 김주승
국제부 │ 이선민, 조혜란
마케팅 │ 구본철, 차정욱, 오영일, 나진호, 강호묵
마케팅 지원 │ 장상범
제작 │ 김유석

■ **도서 A/S 안내**

성안당에서 발행하는 모든 도서는 저자와 출판사, 그리고 독자가 함께 만들어 나갑니다.
좋은 책을 펴내기 위해 많은 노력을 기울이고 있습니다. 혹시라도 내용상의 오류나 오탈자 등이 발견되면 **"좋은 책은 나라의 보배"**로서 우리 모두가 함께 만들어 간다는 마음으로 연락주시기 바랍니다. 수정 보완하여 더 나은 책이 되도록 최선을 다하겠습니다.
성안당은 늘 독자 여러분들의 소중한 의견을 기다리고 있습니다. 좋은 의견을 보내주시는 분께는 성안당 쇼핑몰의 포인트(3,000포인트)를 적립해 드립니다.
잘못 만들어진 책이나 부록 등이 파손된 경우에는 교환해 드립니다.

`초급` Basic Grammar in use 4/e

전 세계 수백만 명의 학습자가 사용하는 영문법 교재입니다. 이 책의 구성은 스스로 공부하는 학생과 영어 수업의 필수 참고서로 적합한 교재입니다. 학습가이드를 통하여 영문법을 익히고 연습문제를 통하여 심화학습 할 수 있습니다. 쉽고 간결한 구성으로 Self-Study를 원하는 학습자와 강의용으로 사용하는 모두에게 알맞은 영어교재입니다.

| Book with answers and Interactive eBook 978-1-316-64673-1
| Book with answers 978-1-316-64674-8

`초급` Basic Grammar in use 한국어판

한국의 학습자들을 위하여 간단 명료한 문법 해설과 2페이지 대면 구성으로 이루어져 있습니다. 미국식 영어를 학습하는 초급 단계의 영어 학습자들에게 꼭 필요한 문법을 가르치고 있습니다. 또한 쉽게 따라 할 수 있는 연습문제는 문법 학습을 용이하도록 도와줍니다. 본 교재는 Self-Study 또는 수업용 교재로 활용이 가능합니다.

| Book with answers 978-0-521-26959-9

`초급` Essential Grammar in use 4/e

영어 초급 학습자를 위한 필수 문법교재 입니다. 학습가이드와 연습문제를 제공하며 Self-Study가 가능하도록 구성되어 있습니다.

| Book with answers and Interactive eBook 978-1-107-48053-7
| Book with answers 978-1-107-48055-1

`중급` Grammar in use Intermediate 4/e

미국식 영어학습을 위한 중급 문법교재입니다. 간단한 설명과 명확한 예시, 이해하기 쉬운 설명과 연습으로 구성되어 Self-Study와 강의용 교재 모두 사용 가능합니다.

| Book with answers and interactive eBook 978-1-108-61761-1
| Book with answers 978-1-108-44945-8

BM (주)도서출판 **성안당** | **CAMBRIDGE** | 도서문의 031-950-6394

중급 Grammar in use Intermediate 한국어판

이해하기 쉬운 문법 설명과 실제 생활에서 자주 쓰이는 예문이 특징인 <Grammar in use Intermediate 한국어판>은 미국 영어를 배우는 중급 수준의 학습자를 위한 문법 교재입니다. 총 142개의 Unit로 구성되어 있는 이 교재는, Unit별로 주요 문법 사항을 다루고 있으며, 각 Unit은 간단명료한 문법 설명과 연습문제가 대면 방식의 두 페이지로 구성되어 있습니다. 문법과 전반적인 영어를 공부하고 하는 사람은 물론 TOEIC, TOEFL, IELTS 등과 같은 영어능력 시험을 준비하는 학습자에게도 꼭 필요한 교재입니다.

▎Book with answers 978-0-521-14786-6

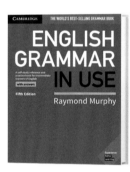

중급 English Grammar in use 5/e

최신판으로 중급 학습자를 위한 첫 번째 선택이며, 해당 레벨에서 필요한 모든 문법을 학습할 수 있는 교재입니다. <IN USE> 시리즈는 전 세계 누적 판매 1위의 영문법 교재로 사랑받고 있습니다. 145개의 Unit으로 이루어져 있으며, Study guide를 제공하여 Self-Study에 적합하며 강의용 교재로 활용할 수 있습니다.

▎Book with answers and Interactive eBook 978-1-108-58662-7
▎Book with answers 978-1-108-45765-1

고급 Advanced Grammar in use 4/e

영어 심화 학습자를 위한 영문법 교재입니다. Study planner를 제공하여 자율학습을 용이하게 합니다. 포괄적인 문법 범위와 친숙한 구성으로 고급레벨 학습자에게 적합합니다. 이미 학습한 언어 영역을 다시 확인할 수 있는 Grammar reminder 섹션을 제공합니다. Cambridge IELTS를 준비하는 학생들에게 이상적인 교재입니다.

▎Book with Online Tests and eBook 978-1-108-92021-6
▎eBook with Audio and Online Tests 978-1-009-36801-8

BM (주)도서출판 성안당 | **CAMBRIDGE** | 도서문의 031-950-6394

G-TELP 대비
기출문제 수록!

G-TELP KOREA 문제 제공

지텔프
기출 문법

Level 2

G-TELP KOREA 문제 제공 | 성안당 지텔프 연구소 해설

해설집

기출문제 **7**회분 제공 및 완벽 해설!

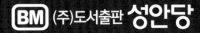

BM (주)도서출판 성안당

G-TELP 대비
기출문제 수록!

G-TELP KOREA 문제 제공

지텔프
기출 문법
Level 2

해설집

BM (주)도서출판 성안당

Chapter 1

시제

1. 현재진행

| 01. (d) | 02. (a) | 03. (b) | 04. (a) |

01. (d)

해석 ▶ 엄마는 벼룩시장에서 쇼핑하는 것을 좋아한다. 좋은 가격에 살 가능성이 항상 그녀를 설레게 한다. 지금, 그녀는 랜돌프 거리 시장에서 크리스마스 장식을 사러 돌아다니고 있다.

해설 ▶ 보기에 동사 scout가 다양한 시제로 나왔으므로 시제 문제이다. 빈칸 앞뒤에 시간 부사구나 부사절을 확인한다. 빈칸 앞에 현재진행 시제와 자주 사용되는 시간 부사구 'right now'가 있으므로 현재진행 시제 (d)가 정답이다.

어휘 ▶ flea market 벼룩시장 thrill 설레게 하다 scout for ~을 찾아 돌아다니다 decoration 장식

02. (a)

해석 ▶ 제이슨은 뮤지컬 〈미녀와 야수〉를 위한 오디션 곡을 지칠 줄 모르고 연습해 오고 있다. 그는 야수의 역할을 너무 하고 싶어한다. 현재, 그는 캐스팅 감독 앞에서 노래를 부르고 있다.

해설 ▶ 보기에서 동사 sing이 다양한 시제 형태로 사용되었으므로 시제 문제이다. 빈칸 앞뒤에 시간 부사구나 부사절을 확인한다. 빈칸 앞에 현재진행 시제와 자주 사용되는 at the moment가 있으므로 현재진행 시제 (a)가 정답이다.

어휘 ▶ tirelessly 지칠 줄 모르고 practice 연습하다 audition piece 오디션 작품(곡) be dying to+동사원형 몹시 ~하고 싶어하다 at the moment 지금, 현재 in front of ~앞에서 director 감독

03. (b)

해석 ▶ 유니스는 현재의 취미인 십자수 놓기가 별로 마음에 들지 않는다. 왜냐하면 그것이 그녀의 예술적 표현을 제한하기 때문이다. 자신의 창의성을 표현할 더 만족스러운 방법을 찾으면서, 그녀는 이제 그림을 그리는 것을 고려하고 있다.

해설 ▶ 보기에서 동사 consider가 다양한 시제로 나왔으므로 시제 문제이다. 빈칸 앞뒤에 시간 부사구나 부사절을 확인한다. 앞에 looking for가 분사구문으로 나왔고 단순 분사구문이기 때문에 주절 시제와 같다. 문맥상 미래나 과거, 완료와 같이 사용되는 특별한 부사구나 절이 없으면 현재가 기준 시제가 된다. 보기 중 현재 시제는 없고 현재진행 시제가 있으므로 (b)가 정답이다. 또한 선택지에 나와 있는 시간부사 now는 현재

진행 시제와 자주 쓰이므로 정답이 (b)임을 확인할 수 있다.

어휘 ▶ current 최근의 cross-stitching 십자수 expression 표현 satisfying 만족스러운 creativity 창의성 consider 고려하다

04. (a)

해석 ▶ 10,000가구에 깨끗한 에너지를 제공하기 위해 록포드에 풍력 발전소가 지어졌다. 이 풍력 시설은 현재 재생 가능한 에너지를 생산하고 있으며, 더 깨끗한 공기와 온실 가스 배출 감소를 가져올 것으로 기대된다.

해설 ▶ 보기에서 동사 produce가 다양한 시제로 사용되었으므로 시제 문제이다. 맨 앞 문장의 시제는 과거지만 등위접속사 and로 연결된 절의 시제는 현재이다. 이처럼 등위절의 관계에 있는 것은 병렬 구조로 되어 있기 때문에 앞이나 뒤의 절에서 힌트를 찾을 수 있다. and 뒤의 절이 현재 시제로 쓰였고, 빈칸이 들어갈 선택지에 현재진행 시제와 자주 사용되는 now가 쓰였으므로 현재진행 (a)가 정답이다.

오답 분석 ▶ 보기에서 and로 연결되는 'is expected'가 현재 시제이므로 현재진행 (a)와 현재완료 (b) 모두 고려해볼 수 있으나, 선택지에 쓰인 부사 now는 현재진행 시제와 자주 쓰이지만, 현재완료 시제와는 함께 쓰이지 않아서 (b)는 오답이다.

어휘 ▶ wind farm 풍력 발전소 provide 제공하다 facility 시설 renewable 재생 가능한 result in (그 결과) ~하게 되다 emission 배출

2. 과거진행

| 01. (c) | 02. (d) | 0 3. (b) | 04. (b) |

01. (c)

해석 ▶ 우리는 어젯밤 공항에 늦게 도착해서 비행기를 타기 위해 저녁 식사를 서둘러야 했다. 우리의 비행기 탑승이 요청되었을 때 우리는 여전히 공항의 햄버거 레스토랑에서 식사를 하고 있었다.

해설 ▶ 보기에 동사 dine이 여러 가지 시제로 나왔으므로 시제 문제이다. 빈칸 뒤에 when절의 시제가 과거이므로 기준 시점이 과거임을 알 수 있다. 보기에 과거 시제와 관련된 것은 과거진행 (c)와 과거완료 (d)가 있는데 비행기 탑승 안내가 나왔을 때 식사가 끝난 것이 아니라 '여전히 먹고 있었다'가 자연스럽기 때문에 과거진행 (c)가 정답이다.

어휘 ▶ dine 식사하다 call for 요청하다 board 탑승하다

02. (d)

해석 ▶ 어젯밤, 나는 일곱 살 아들이 10시 30분에 아직도 깨어

있는 것을 발견하고 놀랐다. 우리 사무실이 재무 기록을 업데이트하고 있어서 나는 늦게까지 일했다. 다행히도, 내가 집에 도착했을 때, 내 아들은 숙제를 끝마치고 있었다.

해설 보기에서 동사 finish가 다양한 시제로 사용되었으므로 시제 문제이다. 빈칸 앞뒤에 시간 부사구나 부사절을 살펴본다. 빈칸 뒤에 있는 when절의 시제가 과거이므로 기준 시점이 과거임을 알 수 있다. 과거 시점(집에 도착)에 동작이 진행 중이었음을 나타내므로 과거진행 (d)가 정답이다.

어휘 be surprised 놀라다 awake 깨어 있는 financial record 재무 기록 fortunately 다행히도

03. (b)

해설 발명가 윌슨 그레이트배치는 심박조율기를 아주 우연히 발견했다. 그는 장치에 잘못된 트랜지스터를 설치했을 때 심장박동 측정기를 조작하고 있었다. 놀랍게도, 그것이 활성화되었을 때 심장 같은 박동을 만들었다.

해설 보기에 동사 work가 다양한 시제로 나왔으므로 시제 문제이다. 빈칸 앞뒤 시간 부사구나 시간 부사절을 확인한다. 빈칸 뒤에 시간 부사절 'when+과거 시제'가 있으므로 기준 시점이 과거임을 알 수 있다. 잘못된 트랜지스터를 설치했던 것은 과거의 일회성 동작이므로 과거 시제(installed)를 썼지만 심장박동 측정기를 사용했던 것은 과거의 일회성 동작이 아니라 연속 동작이므로 과거 시제보다 과거진행 시제가 더 적합하다.

어휘 pacemaker 심박조율기 by accident 우연히 heartbeat 심장박동 install 설치하다 device 장치 to one's surprise 놀랍게도 activate 활성화하다

04. (b)

해설 6살 된 조카는 내가 준 빌딩 블록 세트를 아주 좋아한다. 경찰서 세트에는 경찰서, 사기꾼과 경찰관의 미니 피규어, 오토바이 등이 포함되어 있다. 내가 오늘 아침에 방문했을 때 그는 그것을 가지고 놀고 있었다.

해설 보기에 동사 play가 다양한 시제로 사용되었으므로 시제 문제이다. 앞뒤에 시간 부사절이나 부사구를 살펴보아야 한다. 빈칸 뒤에 시간 부사절 'when I visited this morning'을 통해 기준 시점이 과거임을 알 수 있다. 문맥상 과거 시점에 진행하고 있었던 동작을 나타내므로 과거진행 시제 (b)가 정답이다.

오답 분석 현재완료도 과거의 의미가 있다고 해서 (d) has played를 선택하면 안 된다. when 과거 시제절은 과거 시점을 나타내는 시간 표현으로 명확한 과거를 나타내므로 주절에 과거 시제가 쓰이며 현재완료 시제와 함께 쓰일 수 없다. 따라서 현재완료 (d)는 오답이다.

어휘 nephew 조카 include 포함하다 crook 사기꾼

3. 미래진행

01. (a)　02. (b)　03. (c)　04. (c)

01. (a)

해설 비엔나와 프라하의 황궁과 바로크 거리 풍경을 본 후, 존과 로이스는 신혼 여행의 다음 단계로 산토리니를 여행할 것이다. 다음 주에 그들과 연락하려고 할 때 그들은 여전히 유럽을 여행하고 있을 것이다.

해설 보기에서 동사 travel이 다양한 시제로 나왔으므로 시제 문제이다. 빈칸 앞뒤에 시간 부사구나 부사절을 확인한다. 빈칸 뒤에 미래의 의미를 현재 시제로 나타낸 시간 부사절 'when you try to contact them next week.'이 나왔으므로 기준 시점이 미래임을 알 수 있다. 미래 시점에 진행되고 있을 동작을 나타내므로 미래진행 시제가 적합하다. 따라서 (a)가 정답이다.

어휘 imperial 제국의 streetscape 거리 풍경 leg (여행의) 구간 contact 연락하다

02. (b)

해설 조나단은 우드로 가에 그가 사게 될 집을 보고 싶어 견딜 수가 없다. 그의 부동산 중개인은 그를 내일 거기에 데리려는데 동의했지만 그들이 도착할 때, 일꾼들이 그 집의 내부를 페인트칠하고 있을 것이라고 주의를 주었다.

해설 보기에서 동사 paint가 다양한 시제로 나왔으므로 시제 문제이다. 빈칸 뒤에 시간부사절 'when they arrive'에서 현재 시제가 미래의 의미를 나타내므로 기준 시점이 미래임을 알 수 있다. 빈칸에 미래 시제 (a) will paint와 미래진행 시제 (b) will be painting이 있다. 빈칸 앞에 동사 warn과 빈칸에 들어갈 동사 paint의 의미 관계를 통해 '페인트칠이 진행되고 있을 것이라고 주의를 줬다'는 의미로 해석하는 것이 문맥상 자연스럽다. 미래에 한창 진행되고 있을 상황을 나타내므로 미래진행형인 (b)가 정답이다. 이런 종류의 문제는 기준 시점을 찾는 것 외에도 앞뒤 상황에 따라 의미를 유추할 수 있는 능력을 확인하는 문제이므로 난이도가 상당히 높다.

어휘 cannot wait to see 보고 싶어서 견딜 수 없다 real estate agent 부동산 중개인 agree to+동사원형 ~할 것을 동의하다 warn 주의를 주다, 경고하다

03. (c)

해설 호텔에 낮 12시에 도착하면 체크인할 수 있지만, 방이 준비된다는 보장은 없다. 아마 당신이 도착했을 때 도우미는 여전히 방을 치우고 있을 것이다.

해설 보기에서 동사 'clean up'이 다양한 시제로 나왔으므로 시제 문제이다. 빈칸 뒤에 시간 부사절 when절에서 동사 (arrive)가 현재 시제로 미래의 뜻을 나타내므로 기준 시점이 미

래임을 알 수 있다. 미래 시점에 진행하고 있을 동작을 나타내므로 빈칸에 미래진행 시제가 적합하다. 따라서 (c)가 정답이다.

어휘 guarantee 보장 ready 준비된 most likely 가능성이 높게도, 아마도

04. (c)

해석 팬들은 10년간 지속된 시리즈가 10년 전에 끝난 이후로 〈The Five Club〉의 출연진을 그리워하고 있었다. 이 프로그램의 다가오는 20주년을 기념하기 위해, BDC 방송국은 1월 31일부터 이 프로그램의 재방송을 할 예정이다.

해설 보기에서 동사 air가 다양한 시제로 사용되었으므로 시제 문제이다. 빈칸 앞에 upcoming 즉, 미래를 나타내는 단어가 나왔기 때문에 기준 시점이 미래이다. 그리고 뒤에 January 31st라는 단순미래 시제와 어울리는 부사어가 나왔기 때문에 단순미래진행인 (c)가 정답이다.

오답 분석 (a) will have been airing은 미래완료진행 시제이고 과거나 현재에 시작된 행동이 미래의 어느 시점까지 계속 진행되고 있을 때 쓴다. 본문에서는 미래인 1월 31일부터 재방송을 하고 있을 상황이며 지금이나 과거부터 재방송을 시작해서 미래 어느 시점까지 계속 방송이 진행됨을 나타내는 것이 아니므로 (a)는 오답이다.

어휘 miss 그리워하다 decade 10년 celebrate 기념하다 upcoming 다가오는 air 방송하다 rerun 재방송 starting ~부터 시작하여

4. 현재완료진행

| 01. (c) | 02. (c) | 03. (b) | 04. (d) |

01. (c)

해석 케이틀린은 패션 디자이너의 꿈을 열심히 추구하고 있다. 그녀는 파리 패션 협회에서 디자인 수업에 3개월째 출석해오고 있다. 그곳에서 있는 동안, 그녀는 실전 경험을 쌓고 전문 네트워크를 구축하고 있다.

해설 보기에 동사 attend가 다양한 시제로 나왔으므로 시제 문제이다. 빈칸 뒤에 완료형 시제와 함께 사용되는 부사구 'for three months'와 현재진행 시제에 자주 쓰이는 부사인 now가 있다. 현재를 기준 시점으로 과거에 시작된 일이 현재에 계속 진행되고 있음을 나타내므로 현재완료진행 시제가 적합하다. 따라서 (c)가 정답이다.

어휘 ardently 열심히 pursue 추구하다 attend 출석하다, 참석하다 hands-on 실전의, 실제의 institute 기관, 협회

02. (c)

해석 잭슨 씨는 피지 섬에 있는 태풍 피해자의 집 재건을 돕겠다고 약속했다. 1999년에 희망 건립 재단에 합류한 이후부터 지금까지 그는 전 세계의 재난 피해자들을 돕고 있다.

해설 보기에서 동사 give가 다양한 시제로 사용되었으므로 시제 문제인 것을 알 수 있다. 뒤에 현재완료와 자주 사용되는 시간 표현인 'since+과거 시제절'이 있음을 확인하고 현재완료나 현재완료진행 시제를 정답으로 찾는다. 문맥상 1999년 재단에 합류한 이후부터 지금까지 계속 재난 피해자들을 돕고 있다는 의미가 가장 자연스러우므로 계속의 의미를 나타내는 현재완료진행 (c)가 정답이다.

어휘 rebuild 재건하다 victim 희생자 give assistance to ~를 돕다 disaster 재난 foundation 재단

03. (b)

해석 어떤 사람들은 인간이 만든 지구 온난화가 잘못 판단한 과학자들에 의해 퍼진 그릇된 통념일 뿐이라고 주장한다. 그들은 지구의 기후가 그것의 존재 기간 내내 항상 변화해 왔으며, 현재의 온난화는 자연적 주기의 한 부분이라고 말한다.

해설 보기에서 동사 change가 다양한 시제로 나왔으므로 시제 문제이다. 빈칸 앞뒤에 시간 부사구나 부사절을 확인한다. 빈칸 뒤에 완료 시제와 자주 사용되는 'throughout+명사'가 있다. 과거부터 현재까지 계속되고 있는 상황을 나타내므로 현재완료 시제나 현재완료진행 시제가 적절하다. 따라서 (b)가 정답이다.

어휘 claim 주장하다 myth 신화, 그릇된 통념 misguided 잘못 판단한 climate 기후 existence 존재

04. (d)

해석 요세미티 국립공원은 거대한 세쿼이아 나무, 화강암 절벽, 폭포 등으로 유명하다. 관광객들은 1855년부터 이곳을 찾고 있지만, 1890이 되어서야 미국 의회가 그곳을 공원으로 만들었다.

해설 보기에서 동사 visit가 다양한 시제로 사용되었으므로 시제 문제이다. 빈칸 앞뒤에 시간 부사절이나 부사구를 확인한다. 빈칸 뒤에 'since+과거 시점'이 나와 있는데 그 의미가 '~한 이래로'이므로 현재완료가 적합하다. 현재완료 계속의 의미이므로 현재완료진행 시제인 (d)가 정답이다.

어휘 be recognized for ~때문에 유명하다 granite cliff 화강암 절벽 Congress 국회, 의회 make A into B A를 B로 만들다

5. 과거완료진행

| 01. (b) | 02. (b) | 03. (a) | 04. (a) |

01. (b)

해석 폴라는 아들의 소아과 의사가 그녀에게 1ml가 아니라 5ml의 종합 비타민을 주어야 한다고 말했을 때 당황했다. 그녀는 지난 3개월 동안 아들에게 잘못된 복용량을 주고 있었다!

해설 보기에 동사 give가 다양한 시제로 나왔으므로 시제 문제이다. 빈칸 앞뒤에 시간 부사구나 부사절을 확인해야 한다. 빈칸 뒤에 과거완료와 사용되는 시간 부사구 'for the past three months'가 있으므로 과거 이전부터 시작된 일이 과거까지 계속되고 있음을 나타내는 과거완료 또는 과거완료진행 시제가 빈칸에 적합하다. 따라서 (b)가 정답이다.

어휘 dismayed 당황한 pediatrician 소아과 의사 multivitamin 종합 비타민 dosage (약의) 복용량

02. (b)

해석 드래곤 항공(Dragon Airways)의 승객들은 태국 방콕에 그들을 안전하게 착륙시킨 것에 대해 조종사와 승무원에게 감사했다. 조종사가 수완나품 공항에 안전하게 접근한다고 발표했을 때 한 시간 넘게 장맛비가 쏟아지고 있었다.

해설 보기에서 동사 pour가 다양한 시제로 사용되었으므로 시제 문제이다. 빈칸 앞뒤에 시간 부사구나 부사절을 확인한다. 빈칸 뒤에 완료 시제와 자주 쓰이는 부사어구 'for over an hour'가 있으므로 완료 시제가 나와야 함을 알 수 있다. 또한 뒤에 과거 시제의 when절이 있으므로 기준 시점이 과거임을 알 수 있다. 과거 시점(착륙)을 기준으로 그 이전에 시작된 상태(비가 쏟아짐)가 그 시점(착륙)까지 계속되고 있음을 나타내므로 과거완료 시제나 과거완료진행 시제가 적합하다. 따라서 (b)가 정답이다.

어휘 passenger 승객 crew 승무원 monsoon rain 장맛비 pour 쏟아지다, 퍼붓다 approach 접근

03. (a)

해석 선거일이 다가올 때까지 공적 서비스는 뒷전으로 밀리는 것 같다. 우리는 1년 동안 거리의 구덩이에 대해 불평을 해왔는데 선거 2달 전에서야 마침내 시장이 조치를 취했다.

해설 보기에 동사 complain이 다양한 시제로 나왔으므로 시제 문제이다. 빈칸 뒤에 완료 시제와 같이 사용되는 시간 부사구 'for a year'가 있고, 뒤에 before가 이끄는 부사절의 시제가 과거이다. 과거를 기준으로 과거 이전에 시작된 행동이 과거에 계속되는 상황을 나타내므로 과거완료(had p.p.)나 과거완료진행(had been ~ing)이 적절하다. 따라서 과거완료진행 시제인 (a)가 정답이다.

어휘 take a back seat 뒷전으로 밀리다 complain about ~에 대해 불평하다 pothole 구덩이 mayor 시장 act on 조치를 취하다 election 선거

04. (a)

해석 마침내, 매튜는 맨해튼에 있는 고객 집의 미니멀리즘적 디자인을 승인받았다. 고객은 마지막 시안이 최종적으로 승인되기 전에 그의 초안들을 모두 거절했었다.

해설 보기에 동사 reject가 다양한 시제로 사용되었다. 시제 문제 아니면 가정법 문제이다. 빈칸 뒤에 부사절 before절이 과거 시제로 쓰여져 있고 before절 앞의 주절이 과거보다 앞서 있었던 상황을 설명하므로 빈칸에 과거완료 시제의 동사가 들어오는 것이 적절하다. 따라서 보기 중 과거완료와 관계있는 과거완료진행으로 쓰인 (a)가 정답이다.

오답 분석 보통 보기 네 개 중 간단한 문법 포인트로 두 개 정도를 먼저 선택할 수 있다. 이 선택된 두 개를 변별하는 능력이 문법 고득점의 열쇠이다. 이 문제도 before절 안의 시제가 과거이므로 그 앞에 나오는 주절의 시제는 과거나 과거완료로 압축된다. 여기서는 (a)와 (b)로 정답이 압축된다. 이 문제에서는 과거보다 앞선 시점부터 과거까지 계속적으로 거절해 왔던 경우를 나타내므로 과거진행 시제보다는 과거완료진행 시제가 더 적합하다. 따라서 과거진행 시제 (b)는 오답이다.

어휘 go-ahead for ~에 대한 승인 minimalist design 미니멀리즘적 디자인 residence 집 reject 거절하다 draft 초안, 시안 accept 승인하다, 받아들이다

6. 미래완료진행

01. (b)	02. (c)	03. (b)	04. (c)

01. (b)

해석 고등학교 때부터 절친한 친구였던 스튜어트와 윌리엄이 함께 S+W 슈즈를 설립했다. 그들이 11월에 개점 기념일을 축하할 때면, 그들은 25년 동안 고품질의 신발을 판매해 오고 있을 것이다.

해설 보기에 동사 sell이 다양한 시제로 나왔으므로 시제 문제이다. 빈칸 앞뒤에서 시간 부사구나 부사절을 확인한다. 빈칸 앞에 미래 의미를 가지는 현재 시제 부사절 when절이 나왔으므로 기준 시점이 미래이다. 또, 완료형 시제와 같이 사용되는 부사구 'for twenty-five years'가 나왔으므로 미래완료 또는 미래완료진행 시제가 적합하다. 따라서 (b)가 정답이다.

어휘 found 설립하다 celebrate 축하하다 anniversary 기념일 footwear 신발

02. (c)

해석 해리는 곧 영업부의 수석 부사장으로 승진할 것이다. 그는 몇 년 동안 열심히 일한 보람이 있어서 기쁘다. 그가 승진할 때쯤이면, 그는 그 회사에서 12년 동안 일하고 있을 것이다.

해설 보기에 동사 work가 다양한 시제로 나왔으므로 시제 문제이다. 빈칸 뒤에 완료 시제와 사용되는 시간 부사구 'for 12 years'가 있고, 빈칸 앞에 시간 부사절이 있다. 시간 부사절에서 현재 시제가 미래를 대신하므로 'By the time he receives his promotion'은 미래의 시점을 나타낸다. 기준 시점이 미래이고 완료 시제가 와야 하므로 미래완료(will have p.p.)나 미래완료진행 시제(will have been ~ing)가 적합하다. 따라서 미래완료진행 (c)가 정답이다.

어휘 be promoted 승진하다 pay off 보람이 있다 by the time ~할 때쯤 receive 받다

03. (b)

해석 델라니 씨가 자기네 집에 직접 페인트칠을 해야 한다고 주장했다. 그러나 그의 아내는 타당한 이유로 차라리 전문적인 일손을 고용했을 것이다. 그는 다음 주까지 두 달 동안 집에 페인트칠을 하고 있을 것이지만, 인상적이지 않은 결과를 얻을 것이다.

해설 보기에 동사 paint가 다양한 시제로 나왔으므로 시제 문제이다. 빈칸 앞뒤에 시간 부사구나 부사절을 확인한다. 빈칸 뒤에 완료형과 함께 사용되는 'for two months'가 있고, 미래를 나타내는 부사구 'by next week'이 있으므로 빈칸에 미래완료진행 시제인 'will have been+~ing' 형태가 적합하다. 따라서 (b)가 정답이다.

어휘 insist on 고집하다, 주장하다 rather 차라리, 오히려 for good reason 타당한 이유로 unimpressive 인상적이지 않은

04. (c)

해석 레이첼의 친구들이 저녁을 먹으러 올 것이고, 레이첼은 지금 혼자서 세 가지 요리를 준비하고 있다. 나중에 손님들이 도착할 때쯤이면 그녀는 4시간 이상 연속으로 요리를 하고 있을 것이다.

해설 보기에서 동사 cook이 다양한 시제로 사용되었으므로 시제 문제이다. 앞에 미래 시간 부사절 'By the time her guests arrive later'가 있으므로 기준 시점이 미래이고, 뒤에 완료를 나타내는 'for over four hours straight'이 있으므로 미래 시점(친구 도착) 이전에 시작된 동작(요리)이 계속 진행 중일 것임을 나타낸다. 따라서 미래완료진행 (c)가 정답이다.

오답 분석 시제 문제는 시간 부사절이나 부사구를 잘 살펴서 단순 시제, 진행 시제, 완료 시제를 구별할 수 있어야 한다. for hours straight만 보고 (b) has been cooking(현재완료진행)을 고르지 않도록 한다. By the time절 안에 비록 현재 시제가 쓰였지만, 시간 부사절에서 현재 시제는 미래의 의미가 있음을 명심해야 한다.

어휘 come over 건너오다, 오다 prepare 준비하다 by oneself 혼자서 by the time ~할 때쯤 straight 연속으로

Chapter 2

가정법

1. 가정법 과거

01. (a)	02. (d)	03. (a)	04. (c)
05. (c)	06. (a)	07. (c)	08. (d)
09. (a)	10. (a)	11. (c)	12. (a)

01. (a)

해석 해리스는 규칙적으로 달리기는 하지만 먹는 것에는 신경을 안 쓴다. 만약 그가 건강에 좋은 음식을 먹는 것을 우선시한다면, 그는 자주 불평하는 자신의 체중을 어느 정도 줄일 것이다.

해설 보기에 동사 lose가 다양한 서법조동사로 나왔고 빈칸 앞에 if절이 있으므로 가정법 문제이다. if절의 시제가 과거이므로 가정법 과거임을 알 수 있다. 특히 이 문장처럼 if절 안에 동사로 'were to'가 쓰인 경우는 앞으로 일어날 가능성이 희박한 일을 나타낸다. if절에 'were to'가 쓰인 가정법 과거의 주절에 'would+동사원형'이 와야 하므로 (a)가 정답이다.

어휘 regularly 규칙적으로 pay attention to ~에 신경 쓰다 prioritize 우선시하다 weight 무게 frequently 자주 complain about ~에 대해 불평하다, 투덜대다

02. (d)

해석 어제, 우리는 마을에 새로 생긴 파스타 집에 갔다. 스파게티는 맛이 좋았지만, 선택할 수 있는 요리는 몇 가지밖에 없었다. 만약 내가 메뉴를 만든다면 라비올리와 리조또도 제공할 것이다.

해설 보기에 동사 serve가 다양한 시제와 서법조동사와 같이 나왔으므로 시제 아니면 가정법 문제이다. 빈칸 앞뒤 시간 부사절이나 부사구 아니면 조건절을 확인한다. 앞에 if조건절이 있으므로 가정법 문제이다. if조건절의 시제가 과거이므로 빈칸에는 가정법 과거의 주절의 형태인 'would/should/could/might+동사원형'이 와야 한다. 따라서 (d)가 정답이다.

어휘 taste 맛이 나다 serve 제공하다 ravioli 라비올리(이탈리아식 만두 요리) risotto 리조또(이탈리아식 쌀 요리)

03. (a)

해석 온라인 판매에 성공하려면 제품의 가격을 신중하게 책정해야 한다. "만약 그 물건이 다른 사람의 것이고, 그들이 나에게 그것을 팔려고 한다면, 나는 얼마를 기꺼이 지불하겠

가?"를 스스로에게 물어보라!

해설 보기에 'be willing'이 다양한 시제와 조동사로 나왔다. 시제 문제 아니면 가정법 문제이다. 빈칸 앞에 조건절이 있고, 조건절의 시제가 과거이므로 가정법 과거임을 알 수 있다. 가정법 과거의 주절이 'would+동사원형'으로 나와야 한다. 여기서는 의문사구 'how much'가 문장 맨 앞으로 나가고 주어와 조동사(would)가 도치된 의문문의 형태가 나왔다. 평서문 'I would be willing to pay 금액 for it.'에서 금액을 묻는 의문사 how much를 사용하여 의문문을 만들 때, 'how much'가 문장 앞으로 나가고 조동사 would가 주어 앞으로 나가서 문장 구조가 'how much would I be willing ~?'이 되므로 (a)가 정답이다.

어휘 successful 성공적인 price 가격을 책정하다 carefully 조심스럽게 belong to ~에게 속하다 be willing to 기꺼이 ~하다 pay for ~에 돈을 지불하다

04. (c)

해석 노래 'In My Life'는 마틴에게 엘리 할머니를 떠오르게 한다. 그들은 함께 가족 모임에서 이 노래를 부르곤 했다. 만약 그의 할머니가 오늘 살아 계셨다면 그는 아직도 그녀에게 이 인기 있는 비틀즈 노래를 불러 주었을 것이다.

해설 보기에서 동사 serenade가 다양한 조동사와 같이 사용되었고 빈칸 앞쪽에 if절이 있으므로 가정법 문제이다. 앞에 나오는 조건절 시제가 과거이므로 가정법 과거이다. 빈칸에는 가정법 과거의 주절의 형태인 'would/should/could/might+동사원형'이 와야 한다. 보기 중 이 조건을 만족시키는 (c)가 정답이다.

어휘 remind A of B A에게 B를 생각나게 하다 used to+동사원형 ~하곤 했다 serenade 노래 불러주다 gathering 모임

05. (c)

해석 패트릭은 지독한 독감에 걸려서 고객과의 미팅 일정을 변경하는 것을 고려하고 있다. 만약 그가 몸이 더 나아졌다면, 그는 그의 고객에게 계획한 대로 제안서를 제시했을 것이다.

해설 보기에서 동사 present가 서법조동사(will, shall, can, may, would, should, could, might)와 사용되었다. 조동사 문제 아니면, 가정법 문제이다. 앞에 if조건절이 있고 시제는 과거(were)이기 때문에 가정법 과거라는 것을 알 수 있다. 가정법 과거의 주절에 'would/should/could/might+동사원형'이 와야 하므로 (c)가 정답이다.

어휘 consider 고려하다 reschedule 일정을 변경하다 client 고객 flu 독감 present 제시하다, 발표하다 proposal 제안, 제안서 as planned 계획된 대로

06. (a)

해석 그레이스는 회사가 신제품 출시를 준비하기 시작하면서 일정이 빡빡해졌다. 그녀는 이제 친구들을 거의 보지 못한다. 만약 그녀가 시간을 조금이라도 낼 수 있다면, 그녀는 그들과 영화 데이트에 합류할 것이다.

해설 보기에서 동사 join이 서법조동사와 같이 나왔으므로 가정법 문제이다. 빈칸 앞에 'if조건절+과거 시제(were)'가 있기 때문에 가정법 과거 문장임을 알 수 있다. 이 문장처럼 if절에 'were to'가 쓰인 경우는 일어날 가능성이 희박한 일을 나타내며 이때 가정법 과거의 주절은 'would+동사원형'이므로 (a)가 정답이다.

어휘 hectic 정신없이 바쁜 launch 출시하다 product 상품 barely 거의 ~않는 join 합류하다

07. (c)

해석 브래들리는 어머니가 생일 선물을 원하지 않는다고 맹세했음에도 불구하고 그녀를 위해 은팔찌를 몰래 사고 있다. 만약 그가 지금 무엇을 하고 있는지 안다면, 그녀는 힘들게 번 돈을 썼다고 그를 꾸짖을 것이다.

해설 보기에서 동사 scold가 다양한 조동사와 같이 사용되었고 빈칸 앞쪽에 if절이 있으므로 가정법 문제이다. 앞에 if조건절의 시제가 과거이므로 빈칸에는 가정법 과거의 주절의 형태인 'would/should/could/might+동사원형'이 와야 한다. 따라서 (c)가 정답이다.

어휘 secretly 비밀리에 bracelet 팔찌 swear 맹세하다 (과거형: swore) scold A for B A를 B한 이유로 꾸짖다 hard-earned 힘들게 번

08 (d)

해석 마이클은 듀이 광장에서 앵거스 비프 버거를 파는 푸드 트럭을 운영하고 있다. 하지만 그는 자신의 사업에 완전히 만족하지는 않는다. 만약 그가 더 많은 자본을 구하면, 그는 안에서 식사하는 햄버거 식당을 열텐데.

해설 보기에 동사 open이 다양한 조동사와 같이 나왔고, 빈칸 앞에 조건절이 있기 때문에 가정법 문제이다. if조건절 시제가 과거(were)이기 때문에 가정법 과거이다. if절에 were to가 쓰이면 일어날 가능성이 희박한 것을 가정하며 이때 빈칸에 가정법 과거의 주절 형태는 'would+동사원형'이 와야 한다. 따라서 (d)가 정답이다.

어휘 be satisfied with ~에 만족하다 entirely 완전히, 전적으로 capital 자본 dine-in 안에서 식사하는

09. (a)

해석 평소에 패션 감각이 뛰어난 젊은 팝 가수 아다는 레드 카펫 행사를 위해 자신의 가운을 직접 선택했다: 헐렁하고 어울리지 않는 오렌지색 드레스. 만약 그녀의 개인 스타일리스트

가 지금 그녀를 본다면, 그는 확실히 그녀의 옷차림을 못마땅해 할 것이다.

해설 보기에 동사 disapprove가 서법조동사와 같이 나왔고 빈칸 앞에 if절이 나왔으므로 가정법 문제이다. if절에 be동사의 과거형 were가 있는 것으로 보아 가정법 과거이므로 빈칸에는 가정법 과거의 주절 형태인 'would/should/could/might+동사원형'이 와야 한다. 따라서 (a)가 정답이다.

어휘 fashionable 유행을 따르는 baggy 헐렁한 unflattering 어울리지 않는 certainly 확실히 disapprove of 못마땅해 하다 outfit 옷차림

10. (a)

해석 로빈슨 씨는 몇 주 동안 가슴 통증을 호소하고 있다. 내가 그 사람이라면 상황이 더 악화되기 전에 병원에 갈 것이다. 그는 나이가 들고 있고 건강을 더 잘 돌봐야 한다.

해설 보기에서 동사 go가 다양한 시제와 조동사와 함께 사용되었다. 시제 문제 아니면 가정법 문제이다. 빈칸 앞에 조건절이 있고, 시제가 과거(were)이기 때문에 가정법 과거이다. 가정법 과거의 주절엔 'would/should/could/might+동사원형'이 와야 하므로 (a)가 정답이다.

어휘 complain of 불평하다, 불편을 호소하다 chest pain 가슴 통증 get worse 악화되다 take care of ~을 돌보다

11. (c)

해석 로이는 열심히 일하고, 재미있고, 매우 영리하다. 하지만, 그의 부주의한 발언은 자주 동료들을 불쾌하게 한다. 아마도 그가 더 재치있게 말하는 법을 배운다면 더 호감이 갈 것이다.

해설 보기에서 형용사 likable이 서법조동사와 같이 사용되었으므로 가정법 문제이다. 뒤에 if조건절의 시제가 과거(were)이므로 가정법 과거임을 알 수 있다. if절에 were to가 쓰인 경우는 일어날 가능성이 희박한 경우를 나타내며, 이때 가정법 과거의 주절은 'would+동사원형'이 쓰이므로 정답은 (c)이다.

어휘 hardworking 열심히 일하는 thoughtless comment 생각 없는 발언 offend 마음을 상하게 하다, 불쾌하게 하다 coworker 직장 동료 likable 좋아할 것 같은 tactfully 재치 있게

12. (a)

해석 P&F 스토어는 할인 혜택과 저렴한 가격으로 알려져 있지만 무례한 판매 직원들로 인해 근처 식료품점에 고객을 빼앗기고 있다. 직원들이 더 예의 바르고 도움이 된다면 고객들은 그곳에서 쇼핑하는 것을 좋아할 것이다.

해설 보기에서 동사 love가 서법조동사와 같이 사용되었고

빈칸 앞에 if절이 있으므로 가정법 문제이다. 앞에 if절에 과거동사(were)가 나왔으므로 가정법 과거이다. 가정법 과거의 주절은 'would/should/could/might+동사원형'이므로 정답은 (a)이다.

어휘 customer 고객 nearby 근처의 rude 무례한 staff 직원들 courteous 예의 바른

2. 가정법 과거완료

01. (b)	02. (b)	03. (c)	04. (d)
05. (d)	06. (b)	07. (a)	08. (d)
09. (c)	10. (b)	11. (d)	12. (d)

01. (b)

해석 댄의 고객은, 그가 그 고객을 위해 웹사이트를 디자인하고 있는데, 댄이 제공하기로 합의한 것보다 더 많은 작업을 요구하고 있다. 만약 그가 그 고객과 함께 일하기가 그렇게 어렵다는 것을 알았다면, 그는 그 프로젝트를 수락하지 않았을 것이다.

해설 보기에 동사 accept가 서법조동사와 함께 나왔고 빈칸 앞에 if절이 있으므로 가정법 문제이다. if절의 시제가 과거완료이므로 가정법 과거완료임을 알 수 있다. 가정법 과거완료의 주절에는 'would/should/could/might+have p.p.'가 와야 하므로 (b)가 정답이다.

어휘 client 고객 deliver (연설, 일 등을) 제공하다 demand 요구하다 accept 받아들이다, 수락하다

02. (b)

해석 약 1년 전, 조안은 여행 자금으로 급여의 3분의 1을 저축하기 시작했다. 만약 그녀가 다른 사치품들과 함께 매일의 모카 라떼를 포기하지 않았다면, 그녀는 지난달에 에펠탑을 보지 못했을 것이다.

해설 보기에 동사 see가 다양한 서법조동사와 같이 나왔고 빈칸 앞에 if절이 나왔으므로 가정법 문제이다. 조건절의 시제가 과거완료이므로 가정법 과거완료임을 알 수 있다. 가정법 과거완료의 주절에는 'would/should/could/might+have p.p.'가 와야 하므로 (b)가 정답이다.

어휘 save 저축하다 a third of ~의 3분의 1 salary 급여 fund 자금 luxury 사치, 사치품

03. (c)

해석 모니카는 오클라호마에서 열린 사촌 결혼식에 늦게 가서 매우 당황했다. 만약 그녀가 고속도로에서 잘못된 출구를

택하지 않았다면, 그녀는 제시간에 도착해서 사촌이 식장에 입장하는 것을 목격했을 것이다.

해설 보기에 동사 arrive가 다양한 시제와 서법조동사(will, shall, can, may, would, should, could, might)와 같이 나왔고 빈칸 앞에 if절이 있으므로 가정법 문제이다. if조건절의 시제가 과거완료이기 때문에 가정법 과거완료임을 알 수 있다. 가정법 과거완료의 주절에는 'would/should/could/might+have p.p.'가 와야 하므로 (c)가 정답이다.

어휘 embarrassed 당황한, 난처한 exit 출구 expressway 고속도로 in time 제시간에 witness 목격하다 walk down the aisle 식장에 입장하다

04. (d)

해석 스테파니는 단풍나무에서 떨어져 팔을 심하게 다쳤다. 만약 그녀가 나무에 올라가지 말라는 어머니의 경고를 들었었다면, 그녀는 불안정한 나뭇가지에서 떨어지지 않았을 것이다.

해설 보기에서 동사 fall이 다양한 시제와 조동사와 같이 사용되었으므로 시제 문제 아니면 가정법 문제이다. 빈칸 앞에 조건절이 있고, 조건절의 시제가 과거완료(had p.p)이므로 가정법 과거완료 문장이다. 가정법 과거완료의 주절의 형태는 '주어+would/should/could/might+have p.p.'이므로 (d)가 정답이다.

어휘 injure 다치다 maple tree 단풍나무 warning 경고 climb 올라가다 unstable 불안정한 branch 나뭇가지

05. (d)

해석 라라는 실수로 자신에게 커피를 엎지른 후 다른 옷으로 갈아입을 수밖에 없었다. 만약 그녀가 좀 더 조심했었다면, 그녀가 가장 좋아하는 옷에 커피를 쏟지 않았을 것이다.

해설 보기에서 동사 spill이 다양한 형태로 나왔으므로 시제 문제 아니면 가정법 문제이다. 빈칸 앞에 시간 부사구나 부사절 혹은 조건절이 있는지 확인한다. 빈칸 앞에 조건절(if절)이 있고, 조건절의 시제는 과거완료(had p.p.)이므로 가정법 과거완료 문장이다. 가정법 과거완료의 주절의 형태는 'would/should/could/might+have p.p.'이므로 (d)가 정답이다.

어휘 have no choice but to부정사 ~하지 않을 수 없다 accidentally 우연히, 실수로 splatter 엎지르다 spill 쏟다, 엎지르다

06. (b)

해석 다섯 살 난 조카딸 소피는 사탕을 너무 많이 먹고 치통으로 치과에 갔다. 만약 그녀가 그 모든 사탕을 먹지 않았더라면, 그녀는 치아 검진을 받기 위해 치과에 갈 필요가 없었을 것이다.

해설 보기에 동사 need가 다양한 서법조동사와 같이 사용되

었으므로 가정법 문제이다. 앞에 조건절(if)의 시제가 과거완료이기 때문에 가정법 과거완료 문장이다. 가정법 과거완료의 주절에는 'would/should/could/might+have p.p.'가 와야 하므로 (b)가 정답이다.

어휘 niece 조카딸 toothache 치통 sweets 사탕 dentist's office 치과

07. (a)

해설 클라리스는 엘리노 바튼의 최신 소설 한 부를 사는 것을 놓치고 대신 전자책 버전을 구입했다. 문고본 애호가인 그녀는 인쇄본이 그렇게 빨리 매진될 줄 알았더라면 미리 주문했을 것이다.

해설 보기에서 동사 pre-order가 다양한 조동사와 같이 사용되었고 빈칸 뒤쪽에 if절이 있으므로 가정법 문제이다. if절의 시제가 과거완료이므로 빈칸에는 가정법 과거완료의 주절의 형태인 'would/should/could/might+have p.p.'가 와야 한다. 보기 중 이 조건을 만족시키는 (a)가 정답이다.

어휘 latest 최신의 instead 대신에 paperback 종이 표지의 책, 문고본 enthusiast 애호가 sell out 매진되다 pre-order 미리 주문하다

08. (d)

해석 제프리는 몇 달 동안 물이 새는 욕실 세면대를 무시하고 어느 날 집에 와서 아파트가 침수된 것을 발견했다. 만약 그가 더 일찍 누수를 고쳤더라면, 그의 집은 심각한 물 피해를 면했을 것이다.

해설 보기에 동사 spare가 다양한 시제와 함께 나왔고 빈칸 앞에 if절이 있으므로 가정법 문제이다. if절의 시제가 과거완료이므로 가정법 과거완료임을 알 수 있다. 빈칸에 가정법 과거완료의 주절 형태인 'would/should/could/might+have p.p.'가 와야 한다. 따라서 (d)가 정답이다.

어휘 ignore 무시하다 leaky 새는 flooded 침수된 leak 누수 spare 면하게 하다 damage 피해

09. (c)

해석 로마인들은 수백 년 동안 많은 유럽 문화에 영향을 끼쳤다. 그들의 통치가 없었더라면, 이탈리아, 프랑스, 스페인을 포함한 소위 로맨스어를 사용하는 나라들은 완전히 다른 언어를 개발했을 것이다.

해설 보기에 동사 develop이 다양한 시제와 형태로 사용되었으므로 시제 문제 아니면 가정법 문제이다. 빈칸 앞에 조건절 'If+주어+had p.p'에서 접속사 if가 생략되고 주어와 조동사가 도치된 구문 'had it p.p.'가 있기 때문에 가정법 문제이다. 조건절이 과거완료이므로 가정법 과거완료임을 알 수 있다. 빈칸에 가정법 과거완료의 주절의 형태인 'would/

should/might＋have p.p.'가 와야 하므로 (c)가 정답이다.

어휘 influence 영향을 끼치다 culture 문화 had it not been for ~이 없었다면 completely 완전히

10. (b)

해석 사라는 실수로 시험지 한 쪽 전체에 답을 적지 않아서 역사 시험에서 낙제했다. 그녀는 결과적으로 총 20개의 질문을 놓쳤다. 그녀가 시험지를 다시 확인했더라면 시험에 합격했을 것이다.

해설 보기에서 동사 pass가 다양한 서법조동사와 같이 사용되었으므로 가정법 문제임을 알 수 있다. 조건절의 시제가 과거완료이기 때문에 가정법 과거완료로 볼 수 있다. 가정법 과거완료의 주절은 'would have p.p.'이므로 빈칸에 들어갈 정답은 (b)이다.

어휘 fail 낙제하다, 낙방하다 accidentally 사고로, 실수로, 우연히 an entire page 한 쪽 전체 unanswered 답을 적지 않은 as a result 결과적으로 double-check 재차 확인하다 pass 통과하다, 합격하다

11. (d)

해석 부모님은 샌프란시스코에서 자랐지만 시카고에서 만났다. 나는 항상 그것을 이상한 운명의 반전이라고 생각해 왔다. 만약 그들이 둘 다 대학 졸업 후 시카고로 일하러 가지 않았다면, 나는 태어나지 않았을 거야!

해설 보기에서 be born이 다양한 시제와 서법조동사와 같이 사용되었으므로 시제 문제 아니면 가정법 문제이다. 앞에 if조건절이 있고, 시제가 과거완료(hadn't gone)이므로 가정법 과거완료라는 것을 알 수 있다. 가정법 과거완료의 주절은 'would＋have＋p.p.'를 써야 하므로 (d)가 정답이다.

어휘 grow up 자라다 think of A as B A를 B로 간주하다/여기다 odd 이상한, 엉뚱한 fate 운명

12. (d)

해석 나이틀리사는 10년 전 매출이 감소하기 시작할 때까지 선도적인 통신 기술 회사였다. 만약 그 회사가 혁신에 집중했다면, 그 회사는 다른 기술 기업에게 시장 점유를 잃지 않았을 것이다.

해설 보기에서 동사 lose가 다양한 시제와 서법조동사와 같이 나왔으므로 시제 문제 아니면 가정법 문제이다. 빈칸 앞뒤에 시간 부사구나 부사절, 아니면 조건절을 찾아보아야 한다. 빈칸 앞에 if절이 있고, 시제가 과거완료이다. 가정법 과거완료이므로 주절은 'would have＋p.p'가 정답이다. 보기 중 이 조건을 만족시키는 (d)가 정답이다.

어휘 leading 선도적인 firm 회사 decline 감소하다 innovation 혁신 market share 시장 점유율

Chapter 3

준동사

1. 동명사

01. (a)	02. (c)	03. (d)	04. (b)
05. (a)	06. (a)	07. (d)	08. (b)
09. (b)	10. (c)	11. (c)	12. (b)

01. (a)

해석 질식은 기도가 막혀 숨을 제대로 쉴 수 없을 때 발생한다. 막힘이 경미한 경우, 막힘이 해소될 때까지 기침을 계속하도록 권장해야 한다.

해설 보기에 동사 cough가 준동사 형태로 나왔으므로 준동사 문제이다. 빈칸 앞에 동명사를 목적어로 취하는 동사 keep이 나왔으므로 빈칸에 동명사가 들어가는 것이 적절하다. 보기에 단순동명사 (a)와 완료동명사 (c)가 있다. 완료동명사는 주절 동사보다 한 시제 앞선 내용을 나타낼 때 사용되지만 이 문맥에서는 같은 시제의 내용을 나타내고 있으므로 단순동명사 (a)가 정답이다.

어휘 choking 질식, 숨 막힘 airway 기도 breathe 숨쉬다 properly 제대로 blockage 막힘 encourage 권장하다 cough 기침하다

02. (c)

해석 커피 감식가들은 완벽한 커피를 만들기 위해서는 신선한 원두만 사용될 수 있다고 말한다. 그들은 단 7일분의 원두만 구입할 것을 권하며, 그것을 밀폐된 병에 보관하면 신선도를 극대화할 수 있다.

해설 보기에 동사 buy가 준동사 형태로 나왔으므로 준동사 문제이다. 빈칸 앞에 동사를 살펴보아야 한다. 동명사를 목적어로 취하는 동사 recommend가 쓰였으므로 빈칸에 동명사가 적합하다. 보기 중 완료동명사 (b)와 단순동명사 (c)가 있다. 지텔프 시험에서 준동사가 주어나 목적어, 목적격보어로 사용될 때 완료동명사가 정답이 되는 경우는 극히 드물다. 물론 해석상 완료동명사는 본동사보다 한 시제 앞선 상황을 설명할 때 사용될 수 있지만 이 문맥에서는 본동사와 같은 시제의 상황을 설명하므로 단순동명사 (c)가 정답이다.

어휘 connoisseur 감식가, 감정가 recommend 추천하다 supply 공급량 airtight 밀폐된 maximum 최대의, 극대의

03. (d)

해석 달팽이 점액은 달팽이의 피부가 마르는 것을 보호해 주는 많은 영양소를 가진 점액이다. 그것의 보습성 때문에 피부 관리 전문가들은 마스크팩과 보습제와 같은 제품에 달팽이 점액을 사용하는 것을 지지한다.

해설 보기에 준동사 형태가 나왔으므로 준동사 문제이다. 빈칸 앞에 있는 동사 advocate는 '옹호하다, 지지하다'의 의미로 동명사를 목적어로 취하는 동사이고 본동사와 같은 시제 상황을 나타내므로 단순동명사 (d)가 정답이다.

어휘 snail 달팽이 slime 점액 mucus 점액 plenty of 많은 nutrient 영양소 dry out 바짝 마르다 hydrating 보습 property 자질, 성질 expert 전문가 advocate 옹호하다, 지지하다 moisturizer 보습제

04. (b)

해석 관광객들은 겨울 동안에 스키와 스노보드와 같은 겨울 스포츠에 참가하기 위해 독일의 발베르크 산에 온다. 그들 중 많은 사람들은 또한 산악 트레일을 따라 썰매를 타는 것을 즐긴다.

해설 보기에 동사 sled가 to부정사와 동명사 형태로 사용되었으므로 준동사 문제이다. 빈칸 앞에 동명사를 목적어로 취하는 동사 enjoy가 있다. 보기에서 동명사는 단순동명사인 (b) sledding과 완료동명사인 (d) having sledded가 있는데 문맥상 현재에 ~하는 것을 즐기는 것을 뜻하기 때문에 단순동명사 sledding이 적합하다. 따라서 정답은 (b)이다.

오답 분석 (d) having sledded는 완료 동명사로서 주절의 시제보다 더 앞선 과거를 나타내므로 빈칸에 (d)를 넣어서 해석하면 '썰매를 탔던 것을 즐긴다'의 의미가 되어 문맥상 맞지 않아서 (d)는 오답이다. 지텔프 문법 파트에서 준동사 문제가 출제될 때 완료형 준동사나 진행형준동사가 정답이 되는 경우는 극히 드물다.

어휘 participate in ~에 참가하다 sled 썰매 타다 mountain trail 산길, 산악 트레일

05. (a)

해석 치아를 적절하게 관리하는 것은 깔끔한 몸단장과 전반적인 건강을 이루는 데 중요하다. 입안 구석구석 철저하게 닦아야 한다. 게다가 매 식사 후에 이를 닦는 것을 생활화해야 한다.

해설 보기에서 동사 brush가 to부정사와 동명사로 나왔으므로 준동사 문제이다. 빈칸 앞에 동명사를 목적어로 취하는 동사 practice가 있으므로 빈칸에 동명사가 적합하다. 보기 중 단순동명사 (a) brushing과 완료동명사 (c) having brushed가 있다. 의미상 칫솔질 하는 것이 현재의 동작이므로 단순동명사 (a)가 정답이다.

어휘 care for 관리하다, 돌보다 properly 적절하게 achieve 성취하다, 이루다 grooming 차림새, 몸단장 overall 전반적인 thoroughly 철저하게 moreover 게다가 practice 실행하다, 생활화하다

06. (a)

해석 비록 해외 여행을 가는 것은 값비싼 취미이지만, 많은 사람들은 열정을 추구하기 위해 돈을 쓰는 것이 가치가 있다고 생각한다. 그들은 경치 좋은 곳을 보고 다른 문화를 체험하기 위해 해외로 여행하는 것을 좋아한다.

해설 보기에서 동사 travel이 to부정사와 동명사 형태로 사용되었으므로 준동사 문제이다. 빈칸 앞에 동명사를 목적어로 취하는 동사 adore가 있으므로 빈칸에는 동명사가 적합하다. 보기 중 단순동명사 (a) traveling과 완료동명사 (c) having traveled가 있는데 문맥상 주절의 동사와 같은 시제의 의미를 나타내기 때문에 단순동명사 (a)가 정답이다.

어휘 worth ~ing ~할 가치가 있는 pursue 추구하다 passion 열정 adore 좋아하다 abroad 해외로 scenic spot 경치 좋은 곳

07. (d)

해석 사고 피해자들을 도울 때, 그들이 고통을 느끼지 않더라도 그들을 들어올리거나 옮기지 마세요. 어떤 움직임도 부상 가능성을 악화시킬 위험이 있습니다. 대신 구급차를 기다리는 동안 피해자를 편안하게 해 주세요.

해설 보기에서 동사 worsen이 to부정사와 동명사로 나왔으므로 준동사 문제이다. 빈칸 앞에 동명사를 목적어로 취하는 동사 risk가 나왔다. 보기 중 이 조건을 충족시키는 것은 완료동명사 (c)와 단순동명사 (d)이다. 문맥상 현재 본동사보다 한 시제 이전의 상황을 설명하는 것이 아니라 본동사와 같은 시제의 상황을 설명하기 때문에 완료동명사는 정답이 될 수 없고 단순동명사 (d)가 정답이다. 참고로 지텔프 시험에서는 준동사가 목적어로 사용될 때 완료동명사, 완료부정사, 진행부정사는 정답이 되는 경우가 극히 드물다

어휘 accident 사고 victim 피해자 risk＋명사/동명사 ~할 위험이 있다 worsen 악화시키다 injury 부상 comfortable 편안한

08 (b)

해석 프란신의 영업 팀이 실적이 뒤처질 때마다 그녀는 모든 책임을 진다. 그녀의 팀의 실패는 그녀가 그들을 충분히 잘 이끌지 못한다는 것을 의미하기 때문에, 그녀는 모든 책임을 지는 것을 개의치 않는다.

해설 보기에 동사 take가 to부정사와 동명사 형태로 나왔으므로 준동사 문제이다. 빈칸 앞에 동사 mind는 동명사를 목적어로 취하는 동사이다. 보기 중 능동 형태의 동명사 (b) taking

과 수동 형태의 동명사 (d) being taken이 있는데 바로 뒤에 목적어 'all the blame'이 있기 때문에 능동이므로 빈칸에 동명사 taking이 적합하다. 따라서 정답은 (b)이다.

어휘 lag behind 뒤처지다 performance 실적, 수행 assume ~을 떠맡다 responsibility 책임 mind 꺼려하다 take the blame 책임을 떠맡다 failure 실패

09. (b)

해석 내가 당신에게 지난 분기의 재무 보고서를 준비할 시간을 거의 주지 않았다는 것을 알고 있습니다. 그런데 이번 달 수입과 지출의 정산을 마쳤나요? 우리는 내일 회의에서 적어도 그 수치들을 발표할 수 있을 것입니다.

해설 보기에 동사 balance가 to부정사와 동명사로 나왔으므로 준동사 문제이다. 빈칸 앞에 동명사를 목적어로 취하는 동사 finish가 있으므로 빈칸에 동명사가 적합하다. 보기 중 동명사는 단순동명사 (b) balancing과 완료동명사 (c) having balanced가 있다. 지텔프에서는 목적어로 완료준동사(to have+p.p./ having+p.p.)는 정답으로 거의 사용되지 않는다. 따라서 (b)가 정답이다.

어휘 financial report 재무 보고서 balance ~의 균형을 맞추다, 정산하다 income 수입 expense 지출 at least 적어도 present 발표하다 figure 수치

10. (c)

해석 《베지앤마인드셋(Veggies and Mindsets)》이라는 새로운 체중 감량 잡지가 최근 창간되었다. 이 잡지는 건강하지 못한 습관을 바꾸는 한 방법으로, 과식의 원인이 되는 심리적 요인들을 분석하는 것을 권한다.

해설 보기를 보면, analyze가 준동사(to부정사, 동명사) 형태로 사용되었으므로 준동사 문제이다. 빈칸 앞에 주어와 동사가 있기 때문에 뒤에는 목적어나 부가어가 와야 한다. 앞에 동사 advise는 동명사를 목적어로 취하는 동사이므로 보기 중 동명사인 (a)와 (c)에서 정답을 고른다. 주절의 동사인 advises가 현재 시제이고 동명사도 의미상 현재를 나타내므로 주절의 동사와 시제가 같은 경우로 단순동명사를 쓰는 것이 적합하다. 따라서 단순동명사 (c)가 정답이다.

오답 분석 준동사에서 완료동명사는 주절 시제보다 한 시제 앞선 내용을 나타낼 때 사용한다. (a)는 완료동명사로 주절의 현재 시제보다 하나 앞선 과거의 내용을 의미하므로 (a)를 빈칸에 넣어서 문장을 해석하면 "분석했음을 권한다"라는 어색한 뜻이 된다. 따라서 (a)는 오답이다.

어휘 weight loss 체중 감량 recently 최근에 launch 출시하다, 창간하다 analyze 분석하다 psychological factor 심리적 요인 contribute to ~에 기여하다, ~의 원인이 되다 habit 습관

11. (c)

해석 겨울 동안, 사람들은 추위로부터 자신을 보호하기 위해 간단한 안전 조치를 취할 수 있다. 겨울 동안 따뜻하게 유지하는 가장 쉬운 방법 중 하나는 헐렁한 옷을 여러 겹 입는 것이다.

해설 보기에 동사 wear가 준동사 형태로 사용되었으므로 준동사 문제이다. 빈칸 앞뒤에 관련된 동사를 확인한다. 앞에 동명사를 목적어로 취하는 동사 involve가 있다. 정답은 (b) having worn과 (c) wearing으로 좁혀진다. 문맥 상 완료의 의미가 아닌 단순 의미이므로 정답은 (c)이다.

오답 분석 문맥상 빈칸에 들어갈 동명사는 주절의 시제인 현재 시제와 동일하므로 단순동명사 (c)가 적합하며, 주절의 시제보다 앞선 과거를 나타내는 완료동명사 (b)는 오답이다.

어휘 take safety measures 안전 조치를 취하다 protect 보호하다 method 방법 involve ~와 관련되다, ~을 수반하다 several 몇몇의 layer 층, 겹 loose clothing 헐렁한 옷

12. (b)

해석 티나는 대수학 수업의 많은 부분을 공상에 잠겨서 노트에 낙서를 하며 보냈다. 그녀는 대수학을 배우느니 차라리 개구리를 해부하는 편이 낫다. 그녀는 다항식을 곱하는 것이 그다지 재미있다고 생각하지 않는다.

해설 보기에서 동사 multiply가 준동사 형태로 사용되었으므로 준동사 문제이다. 빈칸 앞뒤에 준동사 형태를 결정하는 동사가 있는가를 확인한다. 빈칸 앞에 동명사를 목적어로 취하는 동사 consider가 있으므로 정답은 (b)이다.

오답 분석 동명사를 목적어로 취하는 동사인 consider를 보고서, 보기에서 (b) multiplying과 (d) having multiplied를 정답으로 고려할 수 있다. 이때, 의미를 통해 주절 시제보다 한 시제 앞선 과거에 일어난 일은 완료동명사(having p.p.)를 쓰고, 주절 시제와 같은 시기에 일어나는 것은 단순동명사(동사원형+ing)를 쓴다. 문맥상 의미가 과거의 상태를 나타내는 것이 아니므로 완료동명사인 (d)는 오답이다.

어휘 spend A ~ing ~하느라 A를 보내다 algebra 대수학 daydream 공상하다 doodle 낙서하다 dissect 해부하다 would rather A than B B하기 보다는 차라리 A하겠다 polynomial 다항식 multiply 곱하다

2. to부정사

01. (d)	02. (c)	03. (c)	04. (c)
05. (b)	06. (c)	07. (a)	08. (c)

01. (d)

해석 12월이 빠르게 다가옴에 따라, 소매점들은 휴가철을 맞이할 준비를 하고 있다. 오늘 아침, 브래드포드 백화점은 크리스마스 러시를 처리하기 위해 최소한 8만 명의 계절 근로자들을 고용할 계획이라고 발표했다.

해설 보기에 동사 hire가 준동사 형태로 나왔으므로 준동사 문제이다. 빈칸 앞의 동사를 보고 목적어로 to부정사를 취하는지, 동명사를 취하는지 확인한다. 빈칸 앞에는 to부정사를 목적어로 취하는 동사 plan이 나왔으므로 빈칸에 to부정사가 적합하다. 보기 중 완료부정사 (b)와 단순부정사 (d)가 나오는데 부정사의 시제가 주절 동사의 시제와 일치하므로 단순부정사 (d)가 정답이다.

어휘 approach 다가오다 retail 소매 announce 발표하다 hire 고용하다 at least 적어도 seasonal 계절의, 계절적인

02. (c)

해석 에티켓은 운전자들이 주차할 때도 예의를 표하도록 지시한다. 차량이 공간을 빠져나갈 때는 근처에서 기다렸다가 자신이 공간을 차지한다는 것을 다른 사람에게 알리기 위해서 위험 신호를 켜야 한다.

해설 보기에 동사 let이 준동사 형태로 나왔으므로 준동사 문제이다. 빈칸 앞의 동사는 완전한 구조로 되어 있어 따로 목적어를 필요로 하지 않는다. 이런 경우 부사적 용법인지, 아니면 부대 상황을 설명하는지 확인한다. 문맥상 자신이 공간을 차지한다는 것을 다른 사람에게 알리기 위하여 위험 신호를 켜야 한다는 해석이 가장 적절하다. 따라서 to부정사의 부사적 용법 중 목적이므로 (c)가 정답이다.

오답 분석 완료to부정사 (d) to have let은 본동사보다 이전 상황을 설명하지만 본 문장에서는 본동사와 to부정사의 시제가 동일하므로 (d)는 오답이다.

어휘 dictate 지시하다 courtesy 예의 pull out of ~에서 빠져나가다 nearby 근처에서 turn on 켜다 hazard 위험 signal 신호 claim 주장하다, (공간을) 차지하다

03. (c)

해석 켈리는 향기로운 로션을 사용하자 피부에 자극이 생겼다. 이제, 그녀 몸의 일부에서 발진이 생겼다. 그녀가 그 제품에 알레르기가 있다는 것을 알게 된 이후, 그녀는 그 로션 사용을 중단하기로 했다.

해설 보기에서 동사 discontinue가 to부정사와 동명사 형태로 나왔으므로 준동사 문제이다. 빈칸 앞에 to부정사를 목적어로 취하는 동사 decide가 있으므로 빈칸에 to부정사가 들어가야 한다. 보기에서 to부정사 형태는 (a) to be discontinuing과 (c) to discontinue이다. 그러나 지텔프 문법 파트에서 준동사가 목적어로 나올 때는 진행부정사가 정답이 되는 경우는 극히 드물다. 따라서 정답은 단순부정사인 (c)가 정답이다.

어휘 irritated 자극받은 scented 향기로운, 향이 나는 rash 피부 발진 allergic to ~에 알레르기가 있는 discontinue 중단하다

04. (c)

해석 한 연구는 향긋한 약초인 로즈마리의 냄새를 맡으면 사람의 각성을 높이고 기억력을 향상시킬 수 있다는 것을 보여주었다. 만약 여러분이 시험이나 발표 중에 예리함을 유지하고 싶다면, 로즈마리 오일 냄새를 미리 맡아 보라.

해설 보기에서 to부정사와 동명사 형태가 나왔으므로 준동사 문제이다. 빈칸 앞에 to부정사를 목적어로 취하는 동사 want가 있으므로 to부정사를 빈칸의 정답으로 고르면 된다. 보기 중 to부정사의 형태로 나온 것이 (b) to be staying과 (c) to stay가 있다. 지텔프 문법 파트에서 목적어로 준동사(to부정사와 동명사)가 보기에 나올 때 진행형 준동사는 정답이 되는 경우가 극히 드물다. 따라서 단순부정사인 (c)가 정답이다.

어휘 sniff 냄새 맡다 aromatic herb 향긋한 약초 increase 증가시키다 alertness 각성 improve 향상시키다 beforehand 미리, 사전에

05. (b)

해석 랄프는 어젯밤 늦게 현관에서 이상한 긁는 소리가 나는 것을 들었다. 그는 조사하기 위해 매우 조심스럽게 밖으로 나갔지만, 그저 그의 개가 집 안으로 들어오고 싶어한다는 것을 알게 되었다.

해설 보기에서 동사 investigate가 to부정사와 동명사로 나왔으므로 준동사 문제이다. 빈칸 앞에 동사가 자동사 went이기 때문에서 목적어가 필요 없으므로 부대 상황을 나타내는 분사구문 아니면, to부정사의 부사적 용법일 가능성이 있다. 이 문장의 의미는 '그는 무슨 소리인지 조사하기 위해 밖으로 나갔다.'가 가장 자연스러우므로 to부정사의 부사적 용법 중 '목적'이 적절하다. 따라서 (b)가 정답이다.

어휘 mysterious 이상한, 신기한 scratching 긁는 porch 현관 cautiously 조심스럽게 investigate 조사하다

06. (c)

해석 힐러리는 결혼식에서 수제트의 결혼식 들러리가 되지 못해 화가 나 있다. 그녀는 지난 수년 동안 그들이 친했음에도

불구하고, 결국 자신이 수제트의 가장 친한 친구가 아니라는 것을 믿기 어렵다고 생각한다!

해설 보기에 동사 believe가 to부정사와 동명사로 나왔으므로 준동사 문제이다. 빈칸 앞의 동사를 살펴보아야 한다. 앞의 동사 find가 5형식 동사로 가목적어 it과 목적격보어 hard가 나왔으므로 빈칸에 진목적어가 와야 한다. 진목적어는 동명사보다는 to부정사가 주로 사용되며 동일 시제의 상황이므로 완료부정사보다는 단순부정사가 적합하다. 따라서 (c)가 정답이다.

어휘 upset 화가 난 maid of honor 결혼식 들러리 despite ~에도 불구하고 after all 결국

07. (a)

해석 지난달, ZYB사는 12월까지 두 개의 새로운 회사로 분리될 것이라고 발표했다. 이러한 변화는 향후 3년 동안 각 기업에 24억 달러의 절감 효과를 가져다줄 것으로 예상된다.

해설 보기에서 동사 deliver가 준동사 형태로 나왔으므로 준동사 문제이다. 빈칸을 포함하고 있는 문장은 'A expect B to 부정사'의 수동 형태로 'B is expected to부정사'로 쓰인 것이다. 빈칸 앞에 to부정사를 목적격보어로 취하는 동사 expect가 있으므로 정답은 (a)이다.

어휘 corporation 회사 announce 발표하다 slipt up into ~로 나뉘다, ~로 분리되다 deliver 가져다주다 saving 절약, 절감

08. (c)

해석 사이클볼(Cycle-ball)은 축구와 오토바이를 결합한 스포츠이다. 그것은 두 명의 선수가 코트를 돌아다니며 오토바이의 앞바퀴를 이용하여 상대편의 골문을 향해 공을 쏘려고 시도하는 것으로 경기가 행해진다.

해설 보기에서 동사 shoot이 to부정사와 동명사 형태로 사용되었으므로 준동사 문제이다. 빈칸 앞뒤에 동사를 중심으로 살펴본다. 빈칸 앞에 to부정사를 목적어로 취하는 동사 attempt가 있다. 보기 중 이 조건을 만족시키는 것은 (b) to have shot과 (c) to shoot이다. 의미 상 본동사 시제 이전의 상황을 설명하는 것이 아니라 주절 시제와 같은 시제로 사용되었으므로 단순 to부정사인 (c)가 정답이다.

어휘 combine 결합하다 motorcycling 오토바이 타기 attempt 시도하다 opponent 상대편 front wheel 앞바퀴

Chapter 4

조동사

| 01. (d) | 02. (c) | 03. (d) | 04. (a) |
| 05. (d) | 06. (c) | 07. (d) | 08. (a) |

01. (d)

해석 그 학교는 지구과학 주간을 맞아 '우리 지질유산 돌보기'를 주제로 한 논술 대회를 개최한다. 에세이는 10월 21일 이전에 과학부에 제출되어야 한다.

해설 보기에 다양한 조동사가 나왔으므로 조동사 문제이다. 빈칸이 들어간 문장과 앞뒤의 문장을 해석해서 알맞은 조동사를 선택한다. 조동사 문제는 보기를 하나씩 대입해서 가장 자연스러운 의미를 고르면 된다. 빈칸 앞의 문장에서 논술 대회를 개최한다고 했고 뒤의 문장에서 에세이는 10월 21일 이전에 제출한다고 했다. 앞뒤 문맥에서 '에세이가 ~까지 꼭 제출되어야 한다'가 가장 적합한 의미이므로 '의무'를 나타내는 조동사 must가 적합하다. 따라서 (d)가 정답이다.

어휘 in celebration of ~을 기념하여, ~을 맞아 host 개최하다 theme 주제 Geo-heritage 지질유산 submit 제출하다

02. (c)

해석 매년 미국에서 결혼하는 230만 쌍의 부부 중 약 11%가 가장 인기 있는 결혼식 달인 6월에 결혼한다. 이것은 내년 6월에 매일 대략 8,400쌍의 커플들이 결혼 서약을 할 것이라는 것을 의미한다.

해설 보기에 서법조동사(will, shall, can, may, must)가 나왔으므로 조동사 문제이다. 빈칸 앞뒤 문장의 의미 관계를 살펴보면, 내년 6월에 매일 약 8,400쌍의 커플들이 "그렇게 하겠습니다"라고 말할 것이라는 의미이다. '~할 것이다.'라는 확실성 높은 미래 예측을 나타내는 조동사 will이 가장 적합하므로 (c)가 정답이다.

오답 분석 (a) may는 '~해도 된다'(허락) 혹은 '~할지 모른다'(약한 추측), (b) can은 '~할 수 있다'(능력), (d) must는 '~해야 한다'(의무)를 나타내므로 문맥상 적합하지 않아서 오답이다.

어휘 marry 결혼하다 popular 인기 있는 roughly 대략 say "I do" 결혼 서약을 하다(결혼식에서 배우자를 평생 아끼고 사랑할 거냐는 질문에 "I do"라고 말함)

03. (d)

해석 한 신용카드 회사가 온라인으로 물건을 구매하는 고객을 보호하기 위한 보안 애플리케이션 출시를 발표했다. 그것은 계정 접근을 위해 비밀번호 대신 얼굴과 지문 스캔을 사용하는 모바일 앱이다.

해설 보기에 다양한 조동사가 나왔으므로 조동사 문제이다. 조동사 문제는 예문을 해석해서 적합한 조동사를 찾아야 한다. '새로 출시된 이 앱은 얼굴과 지문 스캔을 사용할 것이다.'의 의미이므로 미래에 대한 추측이 아니라 미래에 확실히 예정된 일이다. 미래에 대한 확실성(certainty)을 나타내는 조동사 will이 가장 적합하므로 (d)가 정답이다.

오답 분석 (a) could는 확실성이 낮은 가능성을 나타내며, (b) may는 미래에 대한 약한 추측이나 허락을 나타내고 (c) should는 '~해야 한다'는 의무를 나타내고 있어서 문맥상 적합하지 않기 때문에 오답이다.

어휘 announce 발표하다 launch 출시, 개시 security 보안 protect 보호하다 purchase 구매하다 facial 얼굴의 fingerprint 지문 instead of ~대신에 access 접근하다 account 계정, 계좌

04. (a)

해석 실버랏 소프트웨어 사가 최근에 여러 도시에서 더 저렴한 주차 공간을 찾는 모바일 프로그램을 출시했다. 이 새로운 응용 프로그램이 설치되면 사용자는 원할 때마다 어디서나 주차 공간을 예약할 수 있다.

해설 보기에 다양한 조동사가 나왔으므로 조동사 문제이다. 빈칸 앞뒤 문장을 해석하면 '주차 공간을 찾는 프로그램을 출시하였고, 이 프로그램이 설치되면 사용자는 언제 어디서나 주차 공간을 예약할 수 있다.'가 가장 자연스러운 해석이다. '할 수 있다'는 능력의 의미와 확실성이 강한 조동사 can이 가장 적절하므로 (a)가 정답이다.

어휘 recently 최근에 release 출시하다 install 설치하다 reserve 예약하다

05. (d)

해석 노나 이모는 돼지고기가 아주 부드럽고 육즙이 많은 걸 좋아한다. 이 고기 덩어리가 그녀의 기호에 맞도록 확실히 하기 위해, 그녀는 적어도 한 시간 동안 약한 불에서 그것을 끓일 것이다.

해설 보기에서 다양한 조동사가 나왔으므로 조동사 문제이다. 조동사 문제는 해석을 해서 적절한 조동사를 찾아서 해결한다. 빈칸이 있는 문장은 '그녀는 약한 불에서 그것을 끓일 것이다.'라고 해석하는 것이 자연스럽다. 미래에 대한 확실성을 나타내는 조동사 will이 가장 적합하므로 (d)가 정답이다.

오답 분석 (a) could와 (c) would는 각각 can과 will의 과거형으로 쓰이거나 확실성이 낮은 가정절에 쓰이는 조동사인데 여기서는 현재가 주된 시제이고 사실에 기반을 두고 있는 예문의 성격상 적합하지 않아서 오답이다. (b) can은 가능성이나 능력을 나타내는데 여기서는 문맥상 적합하지 않아서 오답이다.

어휘 tender 부드러운 make sure 확실히 하다 batch 덩어리 to one's liking ~의 기호에 맞게 stew 끓이다 at least 적어도

06. (c)

해석 우리는 방문객들이 이 동물원에 전시된 동물들과 교류하는 방식에 매우 엄격합니다. 우선, 그들은 스트레스를 받기 쉬운 매우 민감한 동물이기 때문에 여러분은 안경원숭이들을 만지지 말아야 합니다.

해설 보기에 다양한 조동사가 나왔으므로 조동사 문제이다. 문맥상 해석을 하여 적절한 조동사를 찾아야 한다. 문장의 의미는 '동물원 방문객들은 스트레스를 받기 쉬운 안경원숭이를 만지지 말아야 한다'가 가장 자연스럽게 연결이 된다. 문맥상 '~해야 한다'는 의무를 나타내는 조동사 should가 적절하므로 (c)가 정답이다.

어휘 strict 엄격한 interact 상호작용하다, 교류하다 exhibited 전시된 tarsier 안경원숭이

07. (d)

해석 연구원들은 어린이들에게 판매되고 있는 음식이 어른들에게 팔리는 음식보다 반드시 더 건강하지만은 않다는 것을 발견했다. 사실, 어린이들의 관심을 끌기 위해 고안된 많은 아침 시리얼은 50%나 되는 설탕을 포함할 수 있다.

해설 보기에 다양한 조동사가 나왔으므로 조동사 문제이다. 조동사는 크게 순수 조동사 문제와 가정법 문제로 구별할 수 있다. 앞뒤에 조건절이 없기 때문에 순수 조동사 문제로 볼 수 있다. 조동사 문제는 해석을 하면서 빈칸에 보기의 조동사를 하나씩 넣어보고 문맥상 가장 적합한 것을 고른다. 문맥상 아이들이 좋아하는 시리얼에 50% 정도의 설탕이 있을 수 있다는 가능성을 나타내므로 (d)가 정답이다.

어휘 not necessarily 반드시 ~한 것은 아닌 adult 성인 in fact 사실상 designed 고안된 appeal to ~에게 관심을 끌다 contain 포함하다

08. (a)

해석 그 농구 스타는 하이플라잉 슈즈 사와의 파트너십이 은퇴와 함께 끝나지 않을 것이라고 운동화 팬들에게 장담했다. 그는 프로 선수 시절이 끝나더라도 그의 시그니처 라인이 계속 유지될 것임을 확신시켜 주었다.

해설 보기에서 여러 서법조동사가 나왔으므로 조동사 문제이다. 이때는 문장을 해석해서 조동사가 어떤 뜻으로 쓰였는지 찾는 것이 중요하다. 여기서는 "has confirmed"와 "even after his ~"을 통해 조동사 용법 중 '~할 것이다'라는 의지의 의미가 가장 적합하므로 (a)가 정답이다.

오답 분석 (b) could: 확실성이 낮은 가능성 (~할 가능성이 있다, ~일 수 있다) (c) may: 허락 (~해도 된다) (d) must: 의무 (~해야 한다)

어휘 assure 장담하다 retirement 은퇴 confirm 확실히 하다, 확인하다 continue 계속되다

연결어

01. (c)	**02. (a)**	**03. (b)**	**04. (b)**
05. (a)	**06. (d)**	**07. (b)**	**08. (d)**

01. (c)

해석 대부분의 농구 선수들은 믿을 수 없을 정도로 키가 크다: 한 조사에 따르면 NBA의 평균 키는 6피트 7인치이다! 반면에, 키가 5피트 3인치 정도로 작은 훌륭한 선수들이 존재해 왔다.

해설 보기에 다양한 접속부사가 나왔으므로 연결어 문제이다. 보기의 연결어를 하나씩 넣어서 빈칸 앞뒤의 문장을 해석하여 문제를 풀어야 한다. 앞 문장에서 대부분의 농구 선수들은 키가 크다고 하였고 뒤의 문장에서 키가 작은 훌륭한 선수들이 있다고 했으므로 앞뒤 의미 관계가 대조를 나타낸다. 따라서 대조 상황을 연결할 때 적합한 접속부사구 (c)가 정답이다.

오답 분석 (a) furthermore(게다가), (b) therefore(그러므로), (d) until then(그때까지)은 문맥상 적합하지 않아서 오답이다.

어휘 incredibly 믿을 수 없을 정도로 survey 조사 average height 평균 키

02. (a)

해석 나스카 라인은 약 2,500년 전에 나스카 사막의 땅에 새겨진 큰 그림이다. 이 기하학적인 모양과 동물들은 고대 나스카 사람들에 의해 그려졌을 가능성이 크다. 하지만 그것들의 목적은 여전히 불분명하다.

해설 보기에 다양한 접속부사들이 나왔으므로 연결어 문제이다. 빈칸 앞뒤의 문장을 해석하여 두 문장의 관계를 파악해야 한다. 접속사 문제는 보기를 하나씩 대입해서 해석하면서 정답을 유추할 수 있다. 빈칸 앞의 문장에서 나스카 라인은 고대 나스카 사람들에 의해 그려졌을 가능성이 크다고 했고 빈칸 뒤의 문장에서 그것들의 목적은 여전히 불분명하다고 하였다. 목적이 불분명하다는 내용을 연결하기 위해서는 앞의 내용과 반대되는 상황이 적합하므로 대조를 나타내는 접속부사 However(하지만)가 적절하다. 따라서 (a)가 정답이다.

오답 분석 (b) Moreover(게다가), (c) Therefore(그러므로), (d) Similarly(유사하게, 마찬가지로)는 문맥상 어색한 연결이므로 오답이다.

어휘 drawing 그림 etched 새겨진 geometric 기하학

적인 most likely 틀림없이, 가능성이 높게 purpose 목적
remain 여전히 (계속) ~이다 unclear 불분명한

03. (b)

해석 블루 마리나 비치 리조트에서 해변 관광객들은 어린 돌고래 한 마리가 힘없이 모래 위에 오도 가도 못하는 것을 보았다. 그들은 이 불쌍한 동물이 탈수로 죽지 않도록 바다로 돌아갈 수 있게 도와주었다.

해설 보기에 접속사들이 나와 있으므로 이 문제는 연결어 문제임을 알 수 있다. 접속사 문제는 해석에 의해 앞뒤의 연결 관계를 파악해야 한다. 해변 관광객들이 돌고래가 모래 위에 갇혀 있는 것을 보고 바다로 돌아가도록 도왔는데 빈칸 뒤에는 '돌고래가 탈수로 죽지 않을 것이다'라고 했으므로 '~하기 위해'라는 목적의 의미를 가진 연결어 so that이 가장 적합하다. 정답은 (b)이다.

오답 분석 (a) in case: ~한 경우엔, ~한 경우를 대비하여 (c) unless: ~하지 않는다면 (d) because: ~하기 때문에

어휘 beachgoer 해변 관광객 strand 오도 가도 못하게 하다 helplessly 무기력하게, 힘없이 die of ~ 때문에 죽다 dehydration 탈수

04. (b)

해석 제임스는 사무실에서 긴 하루를 보낸 후 지쳐버렸다. 그는 세 번의 회의에 참석했고 분기별 보고서도 완성했다. 따라서, 그는 집에 도착하자마자 깊은 잠에 빠졌다.

해설 보기에 다양한 접속부사가 나왔으므로 연결어 문제이다. 빈칸 앞뒤의 문장을 해석해서 두 문장의 의미와 보기에 있는 접속부사를 하나씩 대입해서 풀어야 한다. 앞 문장들은 '사무실에서 긴 하루를 보낸 후 지쳐버렸다.'와 '회의에 참석했고 보고서도 완성했다.'이고 빈칸 뒤의 문장은 '집에 도착하자마자 잠에 빠졌다.'이다. 빈칸의 앞뒤 연결은 원인과 결과 관계이므로 결과를 나타내는 접속부사 (b)가 정답이다.

오답 분석 (a) Meanwhile은 '~하는 한편'이란 뜻으로 동시 동작을 나타내는 접속부사이다. (c) Moreover와 (d) Besides는 둘 다 '게다가'란 뜻으로 덧붙이거나 추가할 때 쓰는 접속부사이다.

어휘 exhausted 지친 attend 참석하다 quarterly report 분기별 보고서 therefore 그러므로 fall into a sleep 잠에 빠져들다

05. (a)

해석 별은 반짝이고 행성은 그렇지 않기 때문에 우리는 밤하늘에 별을 행성과 구별할 수 있다. 우리가 보는 가장 밝은 별은 반짝이지 않는다. 사실, 이것은 별이 아니라 실제로는 행성인 금성이다.

해설 보기에 다양한 접속부사가 나왔으므로 연결어 문제이다. 빈칸 앞뒤 문장을 해석하여 두 문장이 자연스럽게 연결되는 것을 확인해야 한다. 빈칸의 앞뒤 문장의 의미 관계가 서로 다르거나 새로운 정보를 보여주는 관계이므로 '사실, 사실상'의 의미로 쓰이는 연결어 in fact가 오는 것이 가장 자연스럽다. 따라서 (a)가 정답이다.

오답 분석 (b) Otherwise(그렇지 않다면, 다른 방식으로), (c) Even so(그렇기는 하지만), (d) Moreover(게다가)는 문맥상 어색하여 오답이다.

어휘 tell A from B A를 B와 구별하다 twinkle 반짝이다 planet 행성 Venus 금성

06. (d)

해석 켄싱턴 이글스(the Kensington Eagles)의 팬들은 프랭크포드 폭스(the Frankford Foxes)가 홈 구장의 이점 때문에 우승했다고 말한다. 프랭크포드 고등학교에서 농구 경기가 열렸기 때문에, 폭스팀은 이글스팀보다 더 많은 환호와 격려를 받았다.

해설 보기에 다양한 접속사가 나왔으므로 연결어 문제이다. 보기에서 빈칸 앞뒤 문장의 의미를 자연스럽게 연결해 주는 접속사를 찾으면 된다. 해당 문장을 "프랭크포드 고등학교에서 농구 경기가 열렸기 때문에 프랭크포드 폭스팀은 켄싱턴 이글스팀보다 더 많은 환호와 격려를 받았다."라고 해석하는 것이 가장 자연스럽다. 문맥상 원인과 결과 관계이므로 (d)가 정답이다.

오답 분석 (a) Whether(~인지 아닌지), (b) Although(비록 ~임에도 불구하고), (c) Until(~까지)는 문맥상 어색하여 오답이다.

어휘 due to ~ 때문에 home-court advantage 홈 구장의 이점 be held 개최되다 cheer 환호 encouragement 격려

07. (b)

해석 스펜서 교장은 학년 말에 그 구역을 떠나지만 세인트 피터 고등학교는 새 교장을 채용하지 않기로 결정했다. 대신 크리스티 토마스 교육감이 그 자리를 맡게 될 것이다.

해설 보기에 여러 가지 연결어가 나왔으므로 연결어 문제이다. 앞뒤 문장을 해석하고, 앞뒤 문장의 의미 관계를 통해 가장 자연스러운 것을 찾아야 한다. 앞 문장에서 스펜서 교장은 학년 말에 그 구역을 떠나지만 고등학교는 새 교장을 채용하지 않기로 결정했고, 빈칸 뒤의 문장에서 다른 인물이 그 자리를 맡게 될 것이라고 하였으므로 대안 제시의 의미 관계이다. 보기 중 '대신에'라는 의미를 가진 연결어 (b)가 정답이다.

오답 분석 (a) Likewise 마찬가지로 (c) Moreover 게다가 (d) Overall 전반적으로

어휘 principal 교장 district 구역, 학군 instead 대신에 superintendent 교육감 assume (책임, 역할)을 맡다

08. (d)

해석 잘 알려진 텔레비전 배우들 모두가 부자가 되는 것은 아니다. 그들 중 일부는 제한된 계약을 받아들임으로써 더 적은 수입을 얻는다. 그들은 한 시즌 내내 출연료를 받기보다는 출연 장면에 대해서만 출연료를 받는다.

해설 보기에 다양한 연결어가 나왔으므로 연결어 문제이다. 이때는 문장을 해석하고 보기에 있는 연결어를 하나씩 대입하여 가장 자연스러운 것을 고른다. 빈칸 앞 문장은 '배우들 모두가 부자가 되는 것은 아니고 그들 중 일부는 더 적은 수입을 얻는다.'라고 했고 뒤의 문장은 '그들은 한 시즌 내내 출연료를 받기보다는 출연 장면에 대해서만 출연료를 받는다.'라고 했으므로 빈칸에 '~라기 보다는'이라는 비교 의미의 연결어가 적합하다. 따라서 (d)가 정답이다. 'A rather than B'(B라기 보다는 A) 구문에서 'Rather than B, A'의 구조로 변형된 구문이다.

오답 분석 (a) Aside from: ~ 외에도, ~을 제외하고
(b) Other than: ~ 외에, ~이 아닌
(c) In spite of: ~에도 불구하고

어휘 earn (돈을) 벌다 accept 받아들이다 contract 계약 get paid for ~대해 급여를 받다 entire season 시즌 내내 appear 등장하다

Chapter 6

관계사

1. 관계대명사

01. (b)	02. (d)	03. (d)	04. (a)
05. (c)	06. (c)	07. (b)	08. (d)
09. (a)			

01. (b)

해석 선진국들의 농민 수는 꾸준히 감소해오고 있다. 미국에서는 점점 더 많은 농부들이 65세에 가까워지고 있다. 은퇴 시, 그들은 농사에 관심이 없는 자녀들에게 그들의 농장을 물려줄 것이다.

해설 보기에 다양한 관계대명사가 이끄는 절이 나왔으므로 관계사 문제이다. 빈칸 앞에 선행사를 찾고 관계사가 들어 있는 문장에서 그 선행사가 어떤 역할을 하는지를 파악해야 한다. 'their children'이 선행사이고, 관계사절에서 동사 have의 주어 역할을 하고 있다. 선행사가 사람이고 관계사절에서 주어 역할을 하며, 계속적 용법에도 사용될 수 있는 주격 관계대명사 who가 적합하다. 따라서 (b)가 정답이다.

오답 분석 (a)에서 what은 선행사를 포함하는 관계대명사인데 여기서는 선행사가 있어서 오답이다. (c)에서 which는 사물을 선행사로 취하는 관계대명사인데 여기서는 선행사가 사람이므로 오답이다. (d)에서 that은 사람, 사물을 모두 선행사로 취하지만 계속적 용법에서는 쓰일 수 없으므로 오답이다.

어휘 industrialized nation 선진국 decline 감소하다 approach 접근하다 have no interest in ~에 관심이 없다 retirement 은퇴

02. (d)

해석 엄마가 새 노트북을 사주신다니 정말 기쁘다. 내 현재 노트북은, 이미 꽤 오래된 데다가, 화면이 깨지고 색이 바랜 키들이 많다. 절실하게 그것을 교체할 필요가 있다.

해설 보기에 관계대명사가 이끄는 절이 나왔으므로 관계사 문제이다. 관계대명사 앞의 선행사를 확인하고 관계사가 이끄는 절에서 관계사 혹은 선행사가 어떤 역할을 하는지 확인한다. 빈칸 앞에 'my current laptop'이 선행사이고, 뒤에 따라오는 절에서 관계사는 주격으로 사용되었다. 또한 빈칸 앞에 콤마가 있으므로 관계대명사의 계속적 용법이다. 선행사가 사물이고 주격이면서 계속적 용법이 가능한 관계대명사는 which이므로 (d)가 정답이다.

오답 분석 (a)에서 관계대명사 that은 선행사로 사물을 받을 수 있으나 계속적 용법으로 사용할 수 없으므로 (a)는 오답이다. (b)에서 관계대명사 what은 선행사를 포함하고 있는데 이 문장에서는 선행사 my current laptop이 나와 있어서 (b)는 오답이다. (c)에서 관계대명사 who는 선행사가 사람이어야 하는데 이 문장에서는 선행사가 사물이므로 (c)는 오답이다.

어휘 current 최근의 faded 빛 바랜, 희미해진 badly 매우, 절실히 replace 대체하다

03. (d)

해석 줄리 이모는 채소를 기를 때 화학 물질(비료)을 절대 사용하지 않는다. 왜냐하면 그녀는 수확물이 순전히 유기농이길 원하기 때문이다. 그녀는 작물이 먹기에 안전하고 건강하도록 확실히 하기 위해 자연에서 나오는 비료만 사용한다.

해설 보기에 관계대명사가 이끄는 절이 나왔으므로 관계대명사 문제이다. 관계대명사 앞의 선행사를 확인하고 뒤에 관계사가 이끄는 절 안에서 관계사 혹은 선행사가 어떤 역할을 하는지 확인한다. 빈칸 앞에 사물인 fertilizer가 선행사이고, 뒤에 따라오는 절에서 관계사는 주격으로 사용되었다. 특히 앞에 only같이 한정이 강한 수식어가 있는 선행사는 관계대명사 that이 사용되므로 (d)가 정답이다.

오답 분석 (a)에서 which는 선행사가 사물일 때 사용될 수 있지만 여기서는 관계대명사 which 다음에 완벽한 문장이 와서 (a) 자체가 비문이다. (b)에서 what은 선행사를 포함하는 관계사인데 앞에 선행사가 나왔으므로 (b)는 오답이다. (c) 관계대명사 who는 선행사가 사람일 때 사용되는데 이 문장에서는 선행사가 사물이므로 (c)는 오답이다.

어휘 chemical 화학물질 harvest 수확물 purely 순수하게 fertilizer 비료 make sure 확실히 하다 crop 작물

04. (a)

해석 모든 음악 장르 중에서 챈탈은 블루스를 가장 좋아한다. 어릴 때 아버지가 기타로 자주 연주했던 곡 "Sweet Home Chicago"는 그녀가 배워 본 첫 블루스 곡이다.

해설 보기에 다양한 관계대명사가 이끄는 절이 나왔으므로 관계사 문제이다. 빈칸 앞에 선행사를 확인하고 선행사가 관계절에서 무슨 역할을 하는지 확인한다. 빈칸 앞에 있는 "Sweet Home Chicago"가 선행사이고, 뒤에 따라오는 절에서 관계사의 선행사(혹은 관계사)는 played의 목적어로 사용되었다. 또한 빈칸 앞에 콤마가 있으므로 관계대명사의 계속적 용법이다. 선행사가 사물이고 목적격으로 쓰이면서 계속적 용법이 가능한 관계대명사는 which이므로 (a)가 정답이다.

오답 분석 (b)에서 that은 계속적 용법으로 사용될 수 없어서 오답이다. (c)에서 what은 선행사를 포함한 관계대명사인데 여기서는 앞에 선행사가 있어서 오답이다. (d)에서 who는 사람을 선행사로 받아야 하는데 여기서는 선행사가 사물이기 때문에 오답이다.

어휘 music genre 음악 장르 blues song 블루스곡

05. (c)

해석 매트는 항상 재능 있고 똑똑한 여성들에게 끌렸다. 그래서 그가 결혼하기로 선택한 여자가 하버드 대학을 수석으로 졸업한 것은 그의 가족에게 놀라운 일이 아니었다.

해설 보기에서 다양한 관계대명사가 이끄는 절이 왔으므로 관계사 문제이다. 빈칸 앞에 선행사가 사람(the woman)이고, 관계절에서 타동사 marry의 목적어가 빠져 있으므로 관계대명사가 목적어 역할을 해야 한다. 선행사가 사람이고 목적격인 관계대명사는 whom이므로 (c)가 정답이다.

오답 분석 (a)에서 관계대명사 that은 자신이 이끄는 절 안에서 주어 혹은 목적어 역할을 하는데 여기서는 that절 안에 주어와 목적어가 모두 있는 완벽한 문장이 나오므로 오답이다. 맨 뒤에 나오는 her를 삭제해야 정답이 된다. (b)에서 what은 선행사를 포함하는 관계대명사인데 여기서는 선행사가 있으므로 오답이다. (d)에서 which는 사물을 선행사로 취하는 관계대명사인데 여기서는 선행사가 사람이므로 오답이다.

어휘 be drawn to ~에게 끌리다 intelligent 똑똑한 graduate from ~를 졸업하다

06. (c)

해석 너는 분명히 내 친구 존을 좋아하게 될 것이다. 너처럼, 그는 다른 나라를 여행하고 새로운 언어를 배우는 것을 좋아한다. 그는 내가 작년에 미술 수업을 같이 들었던 사람이다.

해설 보기에서 다양한 관계대명사가 나왔으므로 관계사 문제이다. 관계사 문제는 관계대명사와 관계부사가 있고, 앞에 선행사의 종류에 따라 관계대명사가 정해지고 뒤에 오는 문장에서 어떤 역할을 하는지에 따라 형태(주격, 목적격, 소유격)가 정해진다. 빈칸 바로 앞에 주로 선행사가 있고 선행사를 뒤 문장에 넣어서 어떤 역할을 하는지를 찾아야 한다. 이 문제에서 선행사 'the guy'가 사람이고 뒤에 'took an art class with'에서 선행사가 전치사 with의 목적어 역할을 하므로 알맞은 관계사는 whom이다. 따라서 (c)가 정답이다.

오답 분석 (a)에서 what은 선행사를 포함하는 관계대명사인데 여기서는 선행사가 있으므로 오답이다. (b)에서 which는 사물 선행사를 취하는 관계대명사인데 여기서는 선행사가 사람이므로 오답이다. (d)에서 that이 이끄는 절 안에 주어와 목적어(전치사 with의 목적어) 둘 다 없어서 (d)를 빈칸에 넣으면 비문이 된다.

어휘 definitely 분명히, 틀림없이 be fond of ~을 좋아하다

07. (b)

해설 그 신문사는 마침내 오늘 아침 편집 시험을 본 지원자들 중 교정 담당자를 찾아냈다. 당연히 시험에서 가장 높은 점수를 받은 후보가 선택되었다.

해설 보기에 여러 관계대명사가 이끄는 절이 왔으므로 관계사 문제이다. 빈칸 앞에 선행사를 찾고, 관계사절에서 선행사가 무슨 역할을 하는지를 찾는다. 선행사는 명사구 'the candidate'으로 선행사가 사람이고 관계사절 안에서 주어 역할을 하므로 주격 관계대명사 who가 이끄는 (b)가 정답이다.

오답 분석 (a)에서 관계대명사 which는 선행사가 사물일 때 사용되는데 여기서는 선행사가 사람이므로 오답이다. (c)에서 관계대명사 whom은 선행사가 사람이고 목적격으로 사용되는데 여기서는 주어 역할을 하므로 오답이다. (d)에서 관계대명사 what은 선행사를 포함하고 있는데 여기서는 선행사가 나와 있으므로 오답이다.

어휘 copy editor 교정 담당자 applicant 지원자 not surprisingly 당연히 candidate 후보자, 지원자

08. (d)

해설 지클론스(Zyklones)는 유럽과 아시아에서 큰 성공을 거두고 있는 펑크록 밴드이다. 하지만 이 밴드에게 진정한 국제적인 명성을 가져다 줄 성과는 미국 음악계에서 성공하는 것이다.

해설 보기에 관계대명사가 이끄는 절이 나왔으므로 관계사 문제이다. 빈칸 앞에서 선행사를 찾고, 관계사절에서 선행사가 무슨 역할을 하는지 확인한다. 선행사는 명사구 'the achievement'이고, 관계사절에서 이 선행사는 주격으로 사용되었다. 선행사가 추상명사(사물)이고 주어 역할을 하므로 (d)가 정답이다.

오답 분석 (a)에서 who는 사람을 선행사로 하는 관계대명사인데 여기서는 선행사가 사물이므로 (a)는 오답이다. (b)에서 what은 선행사를 포함하는 관계대명사인데 여기서는 선행사가 있으므로 (b)는 오답이다. (c)에서 which는 관계사절에서 주어나 목적어 역할을 하는 관계대명사인데 여기서는 관계사절이 완벽한 구조여서 (c)는 오답이다.

어휘 achievement 성취, 성과 international 국제적인 renown 명성 make it 성공하다, 해내다

09. (a)

해설 콜레트는 2개 국어를 할 수 있다는 것을 자랑스럽게 여긴다. 그녀는 모국어로 영어를 말한다. 그와 동시에 어릴 때 아버지에게서 배운 프랑스어도 제2외국어로서 그녀에게 자연스럽게 생각난다.

해설 보기에 다양한 관계사절이 나왔으므로 관계사 문제이다. 빈칸 앞에서 선행사를 찾고, 관계사절에서 선행사가 무슨

역할을 하는지 확인한다. 빈칸 앞에 선행사는 명사 French이고 관계사절에서 동사 learned의 목적어로 사용되었다. 목적격이고 사물을 선행사로 취하므로 관계대명사 which와 that이 정답이 될 수 있다. 그러나 빈칸 앞에 콤마가 있으므로 계속적 용법으로 사용되고 있어서 관계대명사 that은 적절하지 않다. 계속적 용법으로 사용될 수 있는 which가 이끄는 (a)가 정답이다.

어휘 proud 자랑스러워하는 bilingual 2개 국어를 할 줄 아는 at the same time 동시에 naturally 자연스럽게

2. 관계부사

> **01. (b)   02. (d)**

01. (b)

해설 줄리는 가끔 집을 향기롭게 하기 위해 쓰는 순수 에센셜 오일 한 병을 사려고 메인 스트리트에 갔다. 안타깝게도, 그녀가 그곳에 도착했을 때, 그녀가 향기로운 오일을 샀던 그 가게는 이미 그날 영업을 마치고 문이 닫혀 있었다.

해설 보기에 다양한 관계대명사와 관계부사가 이끄는 절이 왔으므로 관계사 문제이다. 빈칸 앞에 선행사를 찾고, 관계절에서 선행사가 어떤 역할을 하는지를 찾아야 한다. 문맥상 선행사는 'the shop'이고 보기의 관계사절에서 'she bought the fragrant oils'가 완벽한 문장이므로 이 두 절을 이어주는 것은 관계대명사가 아니라 관계부사여야 한다. 그리고 선행사 'the shop'이 장소이기 때문에 장소를 나타내는 관계부사 where가 적합하므로 (b)가 정답이다.

어휘 pure 순수한 occasionally 가끔 perfume 향기롭게 하다 unfortunately 안타깝게도, 불행히도 fragrant 향기로운

02. (d)

해설 어젯밤 그린가에 있는 한 건물에 불이 났다. 소방 당국은 아직 사고 원인을 조사 중이다. 불이 시작된 3층의 한 세입자는 경보가 울리기 전에 폭발음이 들렸다고 말했다.

해설 보기에 관계대명사와 관계부사가 나왔으므로 관계사 문제이다. 빈칸 앞에 콤마가 있으므로 관계사의 계속적 용법이다. that은 계속적 용법에 쓰일 수 없으므로 정답에서 제외된다. 관계사 뒤에 나오는 절이 완벽한 문장이므로 관계대명사 which도 정답에서 제외된다. 선행사가 the third floor이므로 장소를 나타내는 관계부사 where가 적합하다. 따라서 정답은 (d)이다.

오답 분석 괄호 앞에 콤마가 있다고 해서 기계적으로 which가 이끄는 (a) which the fire started를 선택하면 안 된다. 관계사 뒤에 오는 절이 완벽한 문장인지 아닌지 확인 후 관계부사

를 선택할지 관계대명사를 선택할지를 결정해야 한다. 관계사가 이끄는 절이 완벽한 구조이면 관계부사가 와야 하므로 관계대명사 which가 쓰인 (a)는 오답이다.

어휘 avenue (도시의) 거리, −가 catch fire 불이 나다 investigate 조사하다 cause 원인 accident 사고 tenant 세입자 explosion 폭발 go off (경보) 울리다

당위성 & 이성적 판단

01. (d)	02. (a)	03. (d)	04. (b)
05. (a)	06. (d)	07. (b)	08. (d)
09. (a)	10. (b)	11. (d)	12. (a)
13. (a)	14. (b)	15. (d)	

01. (d)

해석 많은 컴퓨터 사용자들은 우선 순위 업데이트를 싫어하지만 기술 전문가들은 이 업데이트가 컴퓨터 보안에 중요하다고 말한다. 사용자가 수동 업데이트를 선호하지 않는다면 자동 업데이트를 허용하도록 컴퓨터를 설정하는 것이 좋다.

해설 보기에 동사 set이 다양한 시제로 나왔으므로 시제 문제 아니면 당위성 문제이다. 보기 중 동사원형이 있고 빈칸 앞에 당위성 동사 advise가 있으므로 당위성 문제임을 알 수 있다. that절에서 should가 생략된 동사원형이 빈칸에 들어가는 것이 적절하므로 동사원형 (d)가 정답이다.

어휘 priority 우선 순위 expert 전문가 security 보안 allow 허용하다 manual 수동의 unless ～하지 않는다면

02. (a)

해석 자말의 결혼 상담사는 자말의 배우자가 자말에게 불평할 때 주의깊게 들어야 한다고 자주 강조한다. 이 조언에 따라 자말은 즉시 자신을 방어하려고 애쓰는 대신 이제 질문을 던지고 판단을 보류한다.

해설 보기에 동사 listen이 다양한 시제와 동사원형으로 나왔으므로 시제 문제 아니면 당위성 문제이다. 빈칸 앞뒤에 시간 부사구나 부사절 아니면 빈칸 앞에 당위성 동사(요구, 주장, 제안, 명령)나 이성적 판단 형용사가 있는지 확인한다. 빈칸 앞에 당위성 동사 중 하나인 stress(강조하다)가 나왔다. that절에 should가 생략된 후 동사원형이 나와야 하므로 (a)가 정답이다.

어휘 counselor 상담사 frequently 자주 stress 강조하다 spouse 배우자 complaint 불평 in keeping with ～에 따라 withhold 보류하다 judgment 판단 immediately 즉시 defend 방어하다

03. (d)

해석 몸이 수분을 잃으면 나트륨과 칼륨 같은 필수 염분도 잃는다. 두통과 탈수의 다른 증상들을 피하기 위해, 의사들은 하

루 종일 계속해서 수분을 섭취해야 한다고 제안한다.

해설 보기에서 동사 continue가 다양한 시제와 동사원형, 조동사와 함께 사용되었다. 시제 문제 아니면 당위성 문제이다. 빈칸 앞에 당위성 동사 suggest가 나왔으므로 당위성 문제이다. that절 안에서 should가 생략된 동사원형이 빈칸에 적합하므로 (d)가 정답이다.

어휘 fluid 수분 essential 필수적인 sodium 나트륨 potassium 칼륨 avoid 피하다 headache 두통 symptom 증상 dehydration 탈수 continue 계속하다 throughout 기간 내내

04. (b)

해석 낮잠은 상쾌함을 느끼고 기운을 차리는 좋은 방법이다. 하지만 의사들은 정신 바짝 차리는 상태를 유지하며 피곤함을 느끼지 않고 일을 잘 수행하기 위해 20분에서 30분 정도의 낮잠만 자는 것을 권장한다.

해설 보기에서 동사 take가 다양한 형태로 사용되었고 동사원형이 나온 것으로 보아 시제 문제 아니면 당위성 문제이다. 빈칸 앞에 주절 동사로 당위성을 나타내는 recommend가 있으므로 빈칸에 should가 생략된 동사원형 (b)가 정답이다.

어휘 nap 낮잠 자다, 낮잠 refreshed 상쾌한 energized 기운 차리는 recommend 권하다 alert 정신을 바짝 차리는 perform 수행하다 groggy 피곤해 하는

05. (a)

해석 말론은 큰 미식축구 경기에 대해 잊은 채 슈퍼마켓에 가서 결국 세 시간 동안 교통 체증에 갇혀 있었다. 그의 친구들은 그에게 지금부터 홈 경기 일정을 주시하라고 제안했다.

해설 보기에서 동사 keep이 다양한 시제와 동사원형으로 사용되었다. 특히, 보기에 동사원형이 있으면 반드시 당위성 문제인지 확인할 필요가 있다. 빈칸 앞에 당위성 동사 suggest가 있다. 따라서 빈칸에 should가 생략된 동사원형 (a)가 정답이다.

어휘 end up 결국 ~하고 말다 stuck in traffic 교통 체증에 갇힌 keep an eye on ~을 주시하다, 지켜보다 from now on 지금부터

06. (d)

해석 크레이그 교수는 너무 엄격해서 많은 학생들이 학기 중간에 수업을 철회한다. 학장은 그 교수가 학생들을 공정하게 대해야 하며 그렇지 않으면 그의 수업은 등록 부족으로 인해 폐강될 수 있을 것이라고 조언했다.

해설 보기에 동사 treat가 다양한 시제로 사용되었고 특히 동사원형이 사용된 것을 보아 당위성 문제를 우선적으로 확인할 필요가 있다. 빈칸 앞에 당위성을 나타내는 동사 advise가 있

다. 빈칸에 should가 생략되고 남은 동사원형 (d)가 정답이다.

오답 분석 당위성 문제를 검토하지 않고, 빈칸 앞에 주어 'the professor'를 보고 3인칭 단수 현재로 보아 (b) treats나 (c) is treating을 답으로 고르면 안 된다. 최근 들어, 주절에 다양한 당위성 동사와 이성적 판단을 나타내는 형용사가 나오고 that절에서 should가 생략된 동사원형을 정답으로 하는 문제가 자주 출제되고 있다. 그러므로 당위성 동사와 형용사는 반드시 암기해 두어야 한다.

어휘 strict 엄격한 drop out 중퇴하다, 철회하다 halfway 도중에 advise 충고하다 treat A fairly A를 공정하게 대하다 due to ~ 때문에 lack of enrollment 등록 부족

07. (b)

해석 꽃 애호가인 오리어리 씨는 진달래꽃이 8주까지 필 수 있다고 말한다. 꽃을 최대한 오래 즐기기 위해, 그는 취미 생활자들이 늦은 봄에 이 종 모양의 꽃을 심을 것을 조언한다.

해설 보기에 동사 plant가 다양한 시제로 나왔고, 보기에 동사원형 형태가 있으므로 시제 문제 아니면 당위성 문제이다. 빈칸 앞뒤에 시간 부사구나 부사절 또는 앞에 당위성 동사나 형용사가 있는지 확인한다. 빈칸 앞에 당위성 동사 advise가 있으므로 빈칸에 should가 생략된 동사원형이 쓰여야 하므로 (b)가 정답이다.

어휘 enthusiast 애호가 azalea 진달래 bloom 꽃피다 advise 충고하다, 조언하다 bell-shaped 종 모양의

08. (d)

해석 당신의 상사에게 가능한 한 빨리 저에게 전화해 달라고 알려주세요. 저는 그가 당신 회사의 계속적인 주가 하락에 대해 즉시 알아내야 한다고 촉구합니다.

해설 보기에 동사 find out이 다양한 형태로 사용되었다. 특히 동사원형이 있는 것으로 보아 당위성 문제인지 먼저 확인한다. 빈칸 앞에 당위성 동사 urge가 있으므로 당위성 문제이다. 빈칸에 should가 생략되고 동사원형이 나와야 하므로 (d)가 정답이다.

어휘 urge 촉구하다 find out about ~에 대해 알아내다 ongoing 계속적인 drop 하락 stock price 주가 immediately 즉시

09. (a)

해석 트래비스는 같은 날짜에 아들의 야구 경기를 보기로 약속했기 때문에 구직 면접에 응할 수 없었다. 그는 인사부장에게 전화를 걸어 면접이 나중으로 옮겨져야 한다고 요청했다.

해설 보기에 동사 move가 다양한 시제와 동사원형 형태로 나왔고 빈칸 앞에 당위성 동사 request가 있으므로 당위성 문제이다. 빈칸에 should가 생략된 동사원형이 와야 하므로 (a)

가 정답이다.

어휘 agree 동의하다 HR head(human resources head) 인사부장 request 요청하다

10. (b)

해석 공무원은 일반 시민이 누리지 않는 특권을 누린다. 이것 때문에, 많은 사람들은 정부 관리들이 더 높은 행동 기준을 지킬 필요가 있다고 믿는다.

해설 보기에서 동사 held가 다양한 시제와 조동사와 함께 사용되었으나 빈칸의 앞뒤에 시간 부사절이나 조건절이 없으므로 시제나 가정법 문제가 아님을 알 수 있다. 선택지를 다시 살펴보면, 동사원형(be held) 형태가 있으므로 당위성 문제이다. 당위성을 나타내는 동사(reporting verbs)나 이성적 판단을 나타내는 형용사가 있는지 살펴본다. 빈칸 앞에 이성적 판단 형용사 necessary가 있어서 that절 안에 should가 생략된 동사원형이 쓰여야 하므로 정답은 (b)이다.

어휘 privilege 특권 ordinary 일반적인, 보통의 necessary 필요한 standard 기준 hold A to B A에게 B를 지키게 하다 behavior 행동

11. (d)

해석 여행사에서 크리스마스 연휴 동안 우리 여행을 위한 가격이 좋은 상품을 찾아주지 못했다. 여행사는 성수기가 끝날 때까지 여행을 연기하라고 권했다.

해설 보기에서 동사 postpone이 다양한 시제로 사용되었고 보기 중에 동사원형이 있으므로 시제 문제 아니면 당위성 문제이다. 빈칸 앞뒤에서 정답의 힌트가 될 수 있는 시간 부사구나 부사절을 찾아보거나 당위성 동사나 이성적 판단 형용사가 있는 것을 확인한다. 빈칸 앞에 당위성 동사 recommend가 있으므로 정답은 'should+동사원형'이거나 should가 생략된 동사원형이다. 보기에 이 조건을 만족시키는 (d)가 정답이다.

어휘 travel agency 여행사 good deal 싸고 좋은 상품 recommend 추천하다 postpone 연기하다

12. (a)

해석 일련의 신용 조회 끝에 퍼시픽 웨스트 은행은 프래지어 씨가 다른 은행과의 대출 잔액을 연체하고 있다는 사실을 알게 되었다. 은행은 그의 대출 요청을 거절하고 다른 곳에서 금융 지원을 신청할 것을 제안했다.

해설 보기에서 동사 apply가 다양한 시제와 동사원형으로 나왔으므로 시제 문제 아니면 당위성 문제이다. 빈칸 앞뒤에 시간 부사구나 부사절 아니면, 당위성 동사나 이성적 판단 형용사를 찾아보아야 한다. 빈칸 앞 주절에 당위성 동사 suggest가 있으므로 that절에서 'should+동사원형' 또는 should가 생략된 동사원형이 와야 한다. 따라서 동사원형인 (a)가 정답

이다.

오답 분석 빈칸이 있는 주절의 동사(suggested) 시제가 과거이고, that절에서 빈칸이 있는 것만 보고 시제를 일치하여 과거 시제 (d) applied를 선택하거나, that절 안에서 3인칭 단수 주어 he만 보고 현재 시제인 (b) applies을 고르면 안 된다. 당위성 동사와 형용사 그룹을 반드시 암기해야 한다. 실제 시험에서 이 어휘들이 돌아가면서 시험에 나오는 경향이 있다.

어휘 outstanding 미지불된, 두드러진 loan balance 대출 잔액 refuse 거절하다 apply for 신청하다 financial support 금융 지원 elsewhere 다른 곳

13. (a)

해석 파머 스트리트에 있는 지역 제과점인 케익스 아호이(Cakes Ahoy)는 글로벌 브랜드와의 치열한 경쟁에 직면해 있다. 그 회사가 시장에 뒤처지지 않기 위해 그들 사업의 브랜드 이미지를 새롭게 하는 것을 고려하는 것은 매우 중요하다.

해설 보기에 동사 consider가 다양한 시제로 나왔고, 특히 동사원형도 나왔으므로 시제 문제 아니면 당위성 문제이다. 빈칸 앞에 이성적 판단을 나타내는 형용사 vital이 나왔으므로 당위성 문제이다. that절 안에 있는 빈칸에 should가 생략된 동사원형이 와야 하므로 (a)가 정답이다.

어휘 local bakery 지역 제과점 stiff 치열한, 가파른 competition 경쟁 vital 중요한 rebrand 브랜드 이미지를 새롭게 하다 stay abreast of ~에 뒤처지지 않다, 따라잡다

14. (b)

해석 정원사라면 누구나 잡초가 햇빛과 물을 얻기 위해 조경용 식물과 경쟁한다는 것을 알고 있다. 그러므로 식물들이 적절한 영양분을 섭취하는 것을 확실히 하기 위해 잡초가 정기적으로 제거되어야 하는 것이 중요하다.

해설 보기에 동사 remove가 다양한 시제와 동사원형으로 나왔으므로 시제 문제 아니면 당위성 문제이다. 빈칸 앞에 이성적 판단 형용사인 important가 나왔으므로 당위성 문제이다. that절 안의 빈칸에 'should+동사원형'이 오거나 should가 생략되고 동사원형이 와야 한다. 따라서 동사원형으로 시작하는 (b)가 정답이다.

어휘 gardener 정원사 weed 잡초 compete with ~와 경쟁하다 landscaping plant 조경용 식물 remove 제거하다 regularly 정기적으로 ensure 보장하다, 확실히 ~하다 adequate 알맞은 nutrition 영양분

15. (d)

해석 대통령의 반부패 캠페인의 일환으로, 많은 공무원들이 과소비와 사치스러운 생활방식으로 조사받고 있다. 대통령은 국민이 정부에 대한 신뢰를 유지하는 것이 필요하다고 믿는다.

해설 보기에 동사 maintain이 다양한 시제와 동사원형으로 나왔다. 시제 문제 아니면 당위성 문제이다. 빈칸 앞에 이성적 판단 형용사 necessary가 나왔으므로 당위성 문제이다. that 절 안에 'should +동사원형', 혹은 should가 생략된 동사원형이 적합하다. 보기 중 이 조건을 충족시키는 (d)가 정답이다.

어휘 anti-corruption 반부패 investigate 조사하다 overspend 과소비하다 luxurious 사치스러운 necessary 필요한 maintain 유지하다 trust in ∼에 대한 신뢰

1. (d)	2. (b)	3. (a)	4. (b)	5. (c)
6. (d)	7. (c)	8. (a)	9. (d)	10. (b)
11. (b)	12. (c)	13. (d)	14. (a)	15. (c)
16. (c)	17. (b)	18. (d)	19. (a)	20. (d)
21. (c)	22. (d)	23. (a)	24. (b)	25. (a)
26. (c)				

1. (d)

해석 어제 사촌 생일 파티에 늦었다. 내가 도착했을 때 그녀는 이미 케이크를 자르고 있었다. 만약 내가 손톱 손질을 하러 미용실에 가지 않았다면, 나는 제시간에 파티에 갔을 것이다.

해설 보기에 동사 get이 다양한 시제와 서법조동사와 같이 나왔으므로 시제 문제 아니면 가정법 문제이다. 빈칸 앞뒤에 부사구나 부사절이 있는지 아니면 조건절이 있는지 확인한다. 빈칸 앞에 조건절이 있고, 시제가 과거완료이므로 가정법 과거완료임을 알 수 있다. 가정법 과거완료의 주절에는 'would/should/could/might+have p.p.'가 와야 하므로 (d)가 정답이다.

어휘 be late for ∼에 늦다 salon 미용실 have one's nails done 손톱 손질하다 on time 제시간에

2. (b)

해석 그 신문사는 마침내 오늘 아침 편집 시험을 본 지원자들 중 교정 담당자를 찾아냈다. 당연히 시험에서 가장 높은 점수를 받은 후보가 선택되었다.

해설 보기에 여러 관계대명사가 이끄는 절이 왔으므로 관계사 문제이다. 빈칸 앞에 선행사를 찾고, 관계사절에서 선행사가 무슨 역할을 하는지를 찾는다. 선행사는 명사구 'the candidate'으로 선행사가 사람이고 관계사절 안에서 주어 역할을 하므로 주격 관계대명사 who가 이끄는 (b)가 정답이다.

오답 분석 (a)에서 관계대명사 which는 선행사가 사물일 때 사용되는데 여기서는 선행사가 사람이므로 오답이다. (c)에서 관계대명사 whom은 선행사가 사람이고 목적격으로 사용되는데 여기서는 주어 역할을 하므로 오답이다. (d)에서 관계대명사 what은 선행사를 포함하고 있는데 여기서는 선행사가 나와 있으므로 오답이다.

어휘 copy editor 교정 담당자 applicant 지원자 not surprisingly 당연히 candidate 후보자, 지원자

3. (a)

해석 파머 스트리트에 있는 지역 제과점인 케잌스 아호이(Cakes Ahoy)는 글로벌 브랜드와의 치열한 경쟁에 직면해 있다. 그 회사가 시장에 뒤처지지 않기 위해 그들 사업의 브랜드 이미지를 새롭게 하는 것을 고려하는 것은 매우 중요하다.

해설 보기에 동사 consider가 다양한 시제로 나왔고, 특히 동사원형도 나왔으므로 시제 문제 아니면 당위성 문제이다. 빈칸 앞에 이성적 판단을 나타내는 형용사 vital이 나왔으므로 당위성 문제이다. that절 안에 있는 빈칸에 should가 생략된 동사원형이 와야 하므로 (a)가 정답이다.

어휘 local bakery 지역 제과점 stiff 치열한, 가파른 competition 경쟁 vital 중요한 rebrand 브랜드 이미지를 새롭게 하다 stay abreast of ~에 뒤처지지 않다, 따라잡다

4. (b)

해석 한나는 조지가 그녀가 입은 옷으로 노처녀처럼 보인다고 말해서 화가 났다. 그녀를 더 이상 화나게 하고 싶지 않아서 조지는 즉시 사과했고 그는 단지 농담하고 있었다고 말했다.

해설 보기에 동사 joke가 다양한 시제로 나왔으므로 시제 문제이다. 빈칸 앞에 주절 동사 apologized와 said의 시제가 과거이므로 기준 시점은 과거이다. 문맥상 농담했던 것은 과거의 일회성 행동으로 끝나는 것이 아니라 조지가 농담해서 한나를 화나게 했고 화를 풀어주기 위해 사과하는 연속되는 행동이다. 따라서 일회성 행동을 나타내는 과거 시제보다 연속성과 지속성을 나타내는 과거진행 시제가 빈칸에 더 적합하므로 (b)가 정답이다.

어휘 get angry at ~에게 화나다 old maid 노처녀 outfit 옷 further 더 이상, 더 깊이 apologize 사과하다 immediately 즉시 joke 농담하다

5. (c)

해석 나는 달릴 때 사용하기 위해 이어폰을 샀다. 나는 어어폰이 귀에서 쉽게 빠지지 않아서 좋다. 그것을 통해 교통 소리도 들을 수 있어서 시내에서 뛰어도 안전하다.

해설 보기에 다양한 조동사가 나왔으므로 조동사 문제이다. 빈칸 앞뒤 문장을 해석하여 문맥에 맞는 조동사를 선택해야 한다. 지텔프 문법에서 조동사 문제는 의미가 확실한 must(의무), should(당위성), can(능력/가능)이 자주 출제되는 경향이 있다. 빈칸 앞에는 새 이어폰을 샀다는 내용이고 빈칸 뒤에는 교통 소리도 들을 수 있어서 시내에서 뛰어도 안전하다는 내용이므로 문맥상 '~할 수 있다'는 뜻의 가능을 나타내는 조동사 can이 빈칸에 적합하다. 따라서 (c)가 정답이다.

어휘 earbud (귀 안에 넣는) 이어폰 fall out 빠지다, 떨어지다 traffic 교통

6. (d)

해석 배리는 특히 하버드에 다닐 것이기 때문에 대학에 가는 것에 매우 들떠 있다. 그는 아이비리그 대학에 진학하는 것에 대해 평생 공상을 해왔지만 실제로 입학 허가를 받을 줄은 결코 예상하지 못했다.

해설 보기에 준동사(동명사, to부정사)가 나왔으므로 준동사 문제이다. 지텔프에서 준동사 문제는 우선 동명사인지 to부정사인지를 확인해야 한다. 준동사는 주로 동사의 목적어로 출제되는데 최근 들어 문장의 주어로서 준동사가 출제되는 경우도 있다. 지텔프 문법에서 준동사 문제 선택지에 완료동명사나 완료to부정사가 제시되어 있지만 정답이 되는 경우는 드물다. 빈칸 앞에 동사 anticipate는 '기대하다/예상하다'의 의미로 사용되었다. 미래 의미로 생각해서 to부정사를 고르지 않도록 유의한다. anticipate는 그동안의 경험이나 지식을 통해 '~을 예상하다'의 뜻으로 동명사를 목적어로 취하는 동사이므로 (d)가 정답이다.

어휘 attend 출석하다, 다니다 daydream 공상하다 anticipate 예상하다 gain admission 입학 허가를 받다

7. (c)

해석 할아버지는 아직 약을 먹는 습관이 몸에 배지 않은 것 같다. 만약 그가 그것을 염두에 둔다면, 할머니는 매번 그에게 약을 복용하라고 상기시킬 필요가 없을 것이다.

해설 보기에 동사 have가 서법조동사와 같이 사용되었으므로 가정법 문제이다. 가정법 문제는 빈칸 주변에 조건절이 있느냐가 정답의 힌트가 된다. 조건절이 과거 시제이면 가정법 과거, 조건절이 과거완료 시제이면 가정법 과거완료로 본다. 빈칸 앞에 if조건절이 있고 이 절의 시제가 과거 시제이므로 가정법 과거임을 알 수 있다. 가정법 과거의 주절은 'would/should/could/might+동사원형'이 와야 하므로 (c)가 정답이다.

어휘 get into the habit of ~ing ~하는 습관을 들이다 medicine 약 be mindful of ~을 염두에 두다 remind 상기시키다

8. (a)

해석 애비의 온라인 의류 매장은 출시 한 달 만에 강력한 구매자층을 얻고 있다. 그것은 매우 성공적이어서 애비는 열성적인 구매자들의 수요를 충족시키기 위해 판매할 더 많은 옷을 찾고 있다.

해설 보기에 준동사 구문이 나왔으므로 준동사 문제이다. 먼저 빈칸 앞에 동사가 준동사 중 어느 것을 목적어로 취하는지 확인한다. 문장의 본동사는 'is looking for'이고 준동사를 목적어로 취하는 동사가 아니다. 그 다음으로, 부사적 혹은 형용사적 용법인지, 또는 분사구문인지 확인한다. 뒤 문장의 의미는 '애비는 열성적인 구매자들의 수요를 충족시키기 위해 판매

할 더 많은 옷을 찾고 있다.'가 적합하다. 따라서 to부정사의 형용사적 용법으로 more clothes을 수식하는 (a)가 정답이다.

어휘 following 추종자, 팬 launch 출시하다 successful 성공적인 look for ~을 찾다 meet the demand 수요를 충족시키다 eager 열성적인

9. (d)

해석 숀은 졸려서 곧 차를 세워 낮잠을 자야 한다는 것을 알고 있다. 그가 다음 휴게소에 도착할 때면, 그는 적어도 4시간 동안 운전을 하고 있는 게 될 것이다.

해설 보기에 동사 drive가 다양한 시제로 나왔으므로 시제 문제이다. 빈칸 앞뒤에 시간 부사구나 부사절을 확인한다. 빈칸 앞에 완료를 나타내는 'by the time'이 있고, 뒤에 미래를 나타내는 'the next rest area'가 나왔고 빈칸이 들어 있는 주절에서는 완료형을 나타내는 시간 부사구 'for at least four hours'가 나왔으므로 미래완료나 미래완료진행 시제가 적합하다. 따라서 미래완료진행형인 (d)가 정답이다.

어휘 sleepy 졸리는 pull the car over 차를 길 옆에 세우다 nap 낮잠 by the time ~할 때까지 get to ~에 도착하다 rest area 휴게소 at least 적어도

10. (b)

해석 정원사라면 누구나 잡초가 햇빛과 물을 얻기 위해 조경용 식물과 경쟁한다는 것을 알고 있다. 그러므로 식물들이 적절한 영양분을 섭취하는 것을 확실히 하기 위해 잡초가 정기적으로 제거되어야 하는 것이 중요하다.

해설 보기에 동사 remove가 다양한 시제와 원형으로 나왔으므로 시제 문제 아니면 당위성 문제이다. 빈칸 앞에 이성적 판단 형용사인 important가 나왔으므로 당위성 문제이다. that절 안의 빈칸에 'should+동사원형'이 오거나 should가 생략되고 동사원형이 와야 한다. 따라서 동사원형으로 시작하는 (b)가 정답이다.

어휘 gardener 정원사 weed 잡초 compete with ~와 경쟁하다 landscaping plant 조경용 식물 remove 제거하다 regularly 정기적으로 ensure 보장하다, 확실히 ~하다 adequate 알맞은 nutrition 영양분

11. (b)

해석 나는 네가 왜 식당 서빙하는 일을 별로 좋아하지 않는지 이해할 수 있어. 하지만 네가 학교를 마치면 더 좋은 직장을 찾을 수 있지. 그러는 동안 너는 공부를 열심히 해야 한다.

해설 보기에 다양한 연결어가 나왔으므로 연결어 문제이다. 빈칸 앞뒤 문장을 해석하여 두 문장 간 의미 관계를 파악하고 보기에 나와 있는 연결어를 하나씩 대입하여 가장 적합한 연결어를 찾아야 한다. 문맥상 '지금 좋아하지 않는 일을 하고 있

지만 졸업 후에는 더 좋은 직장을 가질 수 있으니, 그러는 동안 공부를 열심히 해야 한다'가 가장 자연스럽다. 따라서 정답은 (b)이다.

오답 분석 (a) besides는 '게다가', (c) in fact는 '사실은', (d) likewise는 '마찬가지로'라는 뜻이므로 문맥상 어울리지 않아서 오답이다. 접속사 문제는 보기를 하나씩 대입해서 가장 자연스러운 것을 선택해야 한다. 다양한 접속사를 공부하고 다양한 예문을 통해 변별력을 키워야 한다.

어휘 wait tables (식당에서) 서빙하다 meanwhile 그러는 동안, 그 사이에, 한편 besides 게다가 in fact 사실은 likewise 마찬가지로

12. (c)

해석 찰스는 완전하지 않은 사업 제안서를 제출한 후 중요한 거래를 성사시키지 못했다. 만약 그가 첫 회의에서 고객의 요구에 더 면밀히 귀를 기울였다면, 그는 좀 더 설득력 있는 제안서를 준비했을 것이다.

해설 보기에 동사 prepare가 다양한 시제와 서법조동사와 같이 나왔으므로 시제 문제 아니면 가정법 문제이다. 빈칸 앞에 if조건절이 있고, 시제가 과거완료이므로 가정법 과거완료 문제임을 알 수 있다. 가정법 과거완료의 주절에는 'would/should/could/might+have p.p.'가 와야 하므로 (c)가 정답이다.

어휘 fail to+동사원형 ~하지 못하다 close a deal 거래를 성사시키다 submit 제출하다 incomplete 불완전한 proposal 제안서 prepare 준비하다 convincing 납득시키는, 설득력 있는

13. (d)

해석 독일 남서부에 있는 도시 트리어는 더 유명한 독일의 도시들만큼 아름답고 매력적이다. 게다가, 그곳은 더 싼 식당과 호텔이 있다. 또한 트리어가 그 나라에서 가장 오래된 도시라는 것도 언급할 가치가 있다.

해설 보기에 동사 mention이 준동사 형태로 나왔으므로 준동사 문제이다. 빈칸 앞에 동사의 유형을 살펴본다. 빈칸 앞에 나온 형용사 worth는 be동사와 함께 쓰여서 동사처럼 동명사를 목적어로 취할 수 있다. 보기 중에 완료동명사 (b) having mentioned와 단순동명사 (d) mentioning이 있으나 의미상 본동사 이전의 상황을 설명하는 것이 아닌 본동사와 같은 현재의 상황을 설명하기 때문에 단순동명사 (d)가 정답이다. 지텔프 문법 문제에서 완료동명사가 정답이 되는 경우는 극히 드물다는 것을 염두에 두어야 한다.

어휘 charming 매력적인 be worth+동명사 ~할 가치가 있다 mention 언급하다

14. (a)

해석 다음 주 시외 여행 동안 할 일의 목록이 계속 길어지고 있다. 나는 하나의 활동이나 장소에서 또 다른 곳으로 옮겨 다니면서 그것들을 하나씩 체크 표시를 하고 있을 것이다.

해설 보기에 동사 check가 다양한 시제로 나왔으므로 시제 문제이다. 빈칸 앞뒤에 시간 부사구나 부사절을 확인한다. 빈칸 앞에 미래를 나타내는 시간부사구 'next week'이 있고, 빈칸 뒤에 when이나 while의 뜻을 가진 접속사 as가 이끄는 절이 현재 시제로 미래의 의미를 나타내므로 기준 시점이 미래임을 알 수 있다. 미래에 동작이 진행 중임을 나타내므로 미래진행 시제 (a)가 정답이다.

오답 분석 문맥상 의미가 완료 개념이 아닌 단순 개념의 미래가 사용되었으므로 미래완료진행인 (d) will have been checking은 오답이다.

어휘 keep+동명사 ~하는 것을 계속하다 get longer 더 길어지다 check off (처리했음을 나타내기 위해) 체크 표시하다

15. (c)

해석 쉴라는 공부하는 동안 깨어 있도록 하기 위해 커피 한 잔을 만들어 마셨다. 하지만 커피는 효과가 없는 것 같았다. 커피를 마신 후 정신이 차려지기 보다는 오히려 훨씬 더 졸리는 것을 느꼈다.

해설 보기에 다양한 연결어가 나왔으므로 연결어 문제이다. 즉, 앞뒤 문장을 해석하고, 보기에 나온 연결어를 하나씩 대입해서 가장 자연스러운 연결어를 선택하면 된다. 빈칸 앞의 문장은 "쉴라는 깨어 있도록 하기 위해 커피 한 잔을 마셨지만 커피는 효과가 없는 것 같았다."와 뒤 문장은 "커피를 마시고 정신이 번쩍 들기보다는 오히려 더 졸렸다."이다. 보기 중 가장 적합한 연결어는 'Rather than'이므로 (c)가 정답이다.

오답 분석 (a) while: ~하는 반면, ~하는 동안 (동시동작, 연속동작) (b) in addition to: ~에 덧붙여서 (부연, 첨가) (d) aside from: ~을 제외하고

어휘 awake 깨어 있는 rather than A. B (= B rather than A) A라기 보다는 오히려 B하다 alert 정신이 차려지는 even sleepier 훨씬 더 졸리는

16. (c)

해석 나의 재능 있는 친구 나오미는 지역 예술계에 대한 다큐멘터리를 만들었고, 그것이 다음 달 힐즈보로 영화제에서 처음으로 선보일 것이다. 나오미가 공들인 것을 볼 수 있도록 그것을 얼른 보고 싶어서 견딜 수가 없다.

해설 보기에 동사 watch가 준동사 형태로 나왔으므로 준동사 문제이다. 빈칸 앞에 동사 유형을 확인한다. 빈칸 앞에 동사 wait는 can't 와 함께 나올 때 주로 to부정사를 목적어로 취한

다. 보기 중 단순형 부정사 (c) to watch와 진행형 부정사 (d) to be watching이 있는데 지텔프 문법에서는 진행형 부정사는 정답으로 거의 나오지 않으므로 단순형 to부정사 (c)가 정답이다.

어휘 documentary 다큐멘터리 local art scene 지역 예술계 premiere 초연되다, 개봉되다 can't wait to +동사원형 ~하고 싶어 견딜 수 없다

17. (b)

해석 폭스 팀은 스타 선수 넬슨 헤일의 부상 이후 플레이오프에서 부메랑 팀에게 졌다. 헤일의 무릎이 다치지 않았다면, 장담하건대 그는 올 시즌 팀의 3연승을 이끌었을 것이다.

해설 보기에서 동사 lead가 서법조동사와 같이 나왔으므로 가정법 문제이다. 빈칸 앞뒤에 조건절의 시제를 확인한다. 빈칸 앞에 조건절 if의 시제가 과거완료(had not been)이므로 가정법 과거완료임을 알 수 있다. 가정법 과거완료의 주절에는 'would/should/could/might+have p.p.'가 와야 하므로 (b)가 정답이다.

어휘 lose to ~에게 지다 playoff 플레이오프 경기 following ~ 후에, ~에 뒤이어 injury 부상 injure 부상을 입게 하다 bet ~라고 장담하다 third straight victory 3연승

18. (d)

해석 BGC 그룹은 맨해튼에 기반을 둔 LCM 네트워크에 인수된 후 큰 변화를 겪었다. 우선, 미드타운 맨해튼으로 이주하기 전에 그들은 30년 동안 브루클린에 있는 그들의 라디오 방송국에서 방송을 해오고 있었다.

해설 보기에 동사 broadcast가 다양한 시제로 나왔으므로 시제 문제이다. 빈칸 앞뒤에 시간 부사구나 부사절을 확인한다. 빈칸 뒤에 완료 시제와 같이 사용되는 부사구 'for 30 years'와 기준 시점을 알려주는 부사절 'before they moved to Midtown Manhattan'에 과거 시제가 나왔다. 'before+과거 시제절'이 나왔으므로 빈칸을 포함하고 있는 주절에서는 과거 이전의 상황을 설명한다. 빈칸에 과거완료 시제나 과거완료진행 시제가 적절하다. 따라서 과거완료진행 (d)가 정답이다.

어휘 undergo 겪다 major shift 큰 변화 acquire 인수하다, 획득하다 broadcast 방송하다 radio station 라디오 방송국

19. (a)

해석 상사가 실적 부진에 대해 영업팀에게 소리치기 시작하자 모두들 충격을 받았다. 직원들은 그녀가 왜 불만스러워 했는지 이해했지만, 그들은 고함치는 것을 적절한 반응으로 여기지 않았다.

해설 보기에서 동사 yell이 준동사 형태로 나왔으므로 준동사 문제이다. 빈칸 앞에 동사가 동명사를 목적어로 취하는지 to부정사를 목적어로 취하는지 확인한다. 빈칸 앞에 동사 consider는 동명사를 목적어로 취하는 동사이다. 또한 본동사 이전에 상황을 설명하는 것이 아니기 때문에 완료동명사 (d)는 정답이 될 수 없다. 따라서 단순동명사 (a)가 정답이다.

어휘 shout at ~에게 소리치다 performance 실적 frustrated 불만스러운, 짜증이 난 consider 고려하다, 생각하다 yell 고함치다 appropriate 적절한 response 반응

20. (d)

해석 내가 어렸을 때, 우리는 혼다 해변 근처의 집에서 살았다. 지난주에 그곳을 다시 방문했는데, 그곳은 똑같지 않았다. 우리가 공짜로 수영했었던 해변은 이제 리조트로 가득찬 관광지가 되었다.

해설 보기에 여러 관계사가 이끄는 절이 나왔으므로 관계사 문제이다. 관계사의 선행사를 찾고 관계사절에서 선행사가 무슨 역할을 하는지와 관계사절에서 관계사를 제외하고 이 절이 완벽한 구조인지를 파악한다. 선행사는 명사 'the beach'이고, 보기에 나온 관계사가 이끄는 절들은 주어나 목적어 성분이 빠져 있지 않고 완벽한 문장이므로 빈칸에는 관계부사가 이끄는 절이 적절하다. 선행사 'the beach'가 장소를 나타내므로 관계부사 where가 이끄는 (d)가 정답이다.

어휘 used to+동사원형 (예전에는) ~했었다 for free 공짜로 tourist destination 관광지

21. (c)

해석 그림자 띠는 개기 일식 때 나타나는 물결 모양의 빛의 줄무늬이지만, 움직일 때 가장 잘 보인다. 만약 사진을 찍게 된다면, 그림자 띠는 정지된 영상에 나타나지 않을 것이다.

해설 보기에 동사 'show up'이 다양한 시제와 서법조동사와 같이 나왔으므로 시제 문제 아니면 가정법 문제이다. 빈칸 앞에 if조건절이 있고, 시제가 과거이므로 가정법 과거임을 알 수 있다. 특히, if절에 were to가 쓰이는 경우는 일어날 가능성이 희박한 일을 나타내며, 이때 가정법 과거의 주절은 'would+동사원형'이 와야 하므로 (c)가 정답이다.

어휘 wavy 물결 모양의 stripe 줄 무늬 appear 나타나다 total solar eclipse 개기 일식 visible 보이는 in motion 움직임 속에서 photograph 사진 찍다 show up 나타나다 still image 정지된 이미지

22. (d)

해석 대통령의 반부패 캠페인의 일환으로, 많은 공무원들이 과소비와 사치스러운 생활방식으로 조사받고 있다. 대통령은 국민이 정부에 대한 신뢰를 유지하는 것이 필요하다고 믿는다.

해설 보기에 동사 maintain이 다양한 시제와 동사원형으로 나왔다. 시제 문제 아니면 당위성 문제이다. 빈칸 앞에 이성적 판단 형용사 necessary가 나왔으므로 당위성 문제이다. that 절 안에 'should +동사원형', 혹은 should가 생략된 동사원형이 적합하다. 보기 중 이 조건을 충족시키는 (d)가 정답이다.

어휘 anti-corruption 반부패 investigate 조사하다 overspend 과소비하다 luxurious 사치스러운 necessary 필요한 maintain 유지하다 trust in ~에 대한 신뢰

23. (a)

해석 루크의 교수들은 루크가 결석한 것에 대해 놀라며, 그가 어쩔 수 없이 곧 학교를 그만두게 될지도 모른다고 걱정한다. 그는 패스트푸드 체인점에서 아르바이트를 한 이후로 수업에 출석하지 않고 있다.

해설 보기에 동사 attend가 다양한 시제로 나왔으므로 시제 문제이다. 빈칸 앞뒤에 시간 부사구나 부사절을 확인한다. 빈칸 뒤에 현재완료와 같이 나오는 부사절 'since 주어+과거 시제'가 나왔으므로 과거 특정 시점부터 현재까지 계속되고 있는 상황을 나타내므로 현재완료나 현재완료진행 시제가 적합하다. 따라서 (a)가 정답이다.

어휘 alarmed 놀라는 absence 결석 worry 걱정하다 be forced to+동사원형 어쩔 수 없이 ~하다 quit 그만두다 attend 출석하다

24. (b)

해석 '플레이버후드'는 아이들이 놀 수 있도록 동네에 더 많은 열린 공간을 조성하는 것을 촉진하는 운동이다. 지지자들은 어린이들이 창의력을 기르기 위해 밖에 나가서 놀아야 한다고 믿는다.

해설 보기에 다양한 조동사가 나왔으므로 조동사 문제이다. 조동사 문제는 빈칸 앞뒤의 문장을 해석하여 가장 적합한 의미의 조동사를 찾으면 된다. 플레이버후드는 아이들이 놀 수 있도록 동네에 열린 공간을 조성하는 운동이며 이 운동의 지지자들은 어린이들이 창의력을 기르기 위해 '밖에 나가서 놀아야 한다'가 문맥상 가장 자연스럽다. 따라서 빈칸에 의무, 당연의 의미를 가진 조동사 should가 적절하므로 (b)가 정답이다.

오답 분석 (a) could는 '~할 가능성이 있다'라는 확실성이 약한 가능성을 의미하므로 오답이다. (c) would는 '~하려고 할 것이다'라는 의지를 나타내므로 문맥상 어색해서 오답이다. (d) shall은 '~할 것이다'라는 단순미래의 의미를 가지므로 문맥상 어색해서 오답이다.

어휘 promote 촉진하다 creation 조성 neighborhood 동네 supporter 지지자 develop 발전시키다 creativity 창의력

25. (a)

해석 사라는 한 고객을 방문하기 위해 도시를 가로지르는 여정을 고려하고 있다. 하지만 그는(그 고객은) 여행을 떠나 있을 수도 있다. 내가 그녀라면 먼저 그가 도시에 있는지 확인하기 위해 그 고객에게 전화를 걸 것이다.

해설 보기에 동사 call이 다양한 시제와 서법조동사와 함께 나왔으므로 시제 문제 아니면 가정법 문제이다. 빈칸 앞에 if조건절이 있고, 시제가 과거(were)이므로 가정법 과거임을 알 수 있다. 가정법 과거의 주절은 'would/should/could/might＋동사원형'이 와야 하므로 (a)가 정답이다.

어휘 contemplate 고려하다, 생각하다 pay A a visit A를 방문하다 be away 멀리 있다

26. (c)

해석 인기 있는 여성 의류 브랜드인 바운드리스 스카이가 다음 주부터 온라인으로만 옷을 판매할 것이다. 이것은 요즘 점점 더 많은 사람들이 온라인 쇼핑을 하고 있기 때문이다.

해설 보기에 동사 shop이 다양한 시제로 나왔으므로 시제 문제이다. 빈칸 앞뒤에 시간 부사구나 부사절을 확인한다. 빈칸 뒤에 현재진행 시제와 자주 쓰이는 부사 nowadays가 나왔고, 빈칸이 들어 있는 종속절 앞에 있는 주절의 시제가 현재 시제이다. 따라서 빈칸에 현재진행 시제가 적합하므로 (c)가 정답이다.

어휘 popular 인기 있는 womenswear 여성 의류 clothes 옷 exclusively 독점적으로 nowadays 요즘

기출 실전테스트 2

1. (b)	2. (d)	3. (a)	4. (a)	5. (c)
6. (b)	7. (b)	8. (c)	9. (d)	10. (a)
11. (d)	12. (c)	13. (a)	14. (b)	15. (d)
16. (c)	17. (c)	18. (b)	19. (c)	20. (d)
21. (a)	22. (b)	23. (a)	24. (b)	25. (c)
26. (d)				

1. (b)

해석 마커스 산업(Marcus Industries)에 대한 분기별 감사에서 보고된 총 수입과 실제 수중의 현금 사이에 큰 차이를 보였다. 회사 소유주인 트래비스 마커스는 사라진 돈이 어디로 갔는지 알아내기 위해 조사에 착수했다.

해설 보기에 동사 determine이 여러 준동사 형태로 나왔으므로 준동사 문제이다. 빈칸 앞에 동사가 있는 문장은 완벽한 문장이므로 빈칸에 들어갈 준동사는 명사를 수식하는 형용사적 용법 아니면 동사를 수식하는 부사적 용법 중에 하나임을 알 수 있다. 이때는 해석을 해서 이 두 가지 용법 중 어떤 용법이 자연스러운지 확인한다. 문맥상 '사라진 돈이 어디로 갔는지 확인하기 위해서'가 가장 적합하므로 부사적 용법(목적)으로 쓰인 단순to부정사 (b)가 정답이다.

어휘 quarterly 분기의, 분기별 gross income 총 수입 actual cash 실제 현금 launch 개시하다, 착수하다 investigation 조사 determine 결정하다, 알아내다 missing 사라진, 없어진

2. (d)

해석 사촌 마틸다는 다음 달에 일일 학술 대회를 위해 켄달 시에 올 것이다. 몇 년 동안 그녀를 본 적이 없어서, 나는 그녀가 도시에 있는 동안 우리와 함께 밤을 보내야 한다고 주장하려고 전화했다.

해설 보기에 동사 spend가 다양한 시제와 동사원형으로 나왔으므로 시제 문제 아니면 당위성 문제이다. 빈칸 앞에 당위성 동사 insist가 나왔으므로 당위성 문제임을 알 수 있다. that절에서 should가 생략된 동사원형이 빈칸에 들어가는 것이 적절하므로 동사원형 (d)가 정답이다.

어휘 cousin 사촌 conference (대규모) 회의, 학술 대회 insist 주장하다, 고집하다 spend 시간을 보내다

3. (a)

해석 데이비드는 인류학 수업 중 아직까지 수강할 자리가 있는 유일한 강좌에 등록했다. 하지만 그 교수가 너무 까다로워서 그는 낙제했다. 데이비드가 알았더라면, 그는 그 과정을 듣기 위해 다음 학기까지 기다렸을 것이다.

해설 보기에 동사 wait가 다양한 시제 형태와 서법조동사와 같이 나왔다. 시제 문제 아니면 가정법 문제이다. 빈칸 앞에 if 조건절이 나왔고, 조건절의 시제가 과거완료이므로 가정법 과거완료임을 알 수 있다. 가정법 과거완료의 주절에는 'would/should/could/might+have p.p.'가 와야 하므로 (a)가 정답이다.

어휘 sign up for 등록하다 anthropology 인류학 slot 자리 available 이용 가능한 semester 학기

4. (a)

해석 마이클은 정말 새 자전거를 사야 한다. 어제, 그는 집에 오는 길에 10년 된 자전거의 핸들바가 고장 나서 하마터면 사고가 날 뻔했다. 얼마 지나지 않아, 브레이크가 고장 났을 때, 그는 집으로 다가가고 있었다!

해설 보기에 동사 approach가 다양한 시제로 나왔으므로 시제 문제이다. 빈칸 앞뒤에 시간 부사구나 부사절을 확인한다. 빈칸 뒤에 시간 부사절 'when+과거 시제절'이 나왔으므로 기준 시점이 과거이다. 문맥상 빈칸에는 집에 다가가는 동작이 과거의 일회성 동작이 아니라 과거에 계속 진행되는 동작이므로 과거 시제보다 과거진행 시제가 더 적합하다. 따라서 정답은 (a)이다.

어휘 accident 사고 on the way home 집에 오는 길에 soon after 곧, 얼마 안되어 approach 접근하다, 다가가다 brake 브레이크

5. (c)

해석 마케팅 관리자는 신규 채용된 영업 사원들을 즉시 현장으로 보내 판매를 늘리기를 원했다. 영업 부사장은 신입 사원들이 준비가 안 된 것을 알고서, 먼저 기본 영업 기술에 관해 신입 사원들을 훈련시킬 것을 제안했다.

해설 보기에 동사 train이 다양한 준동사 형태로 나왔으므로 준동사 문제이다. 빈칸 앞에 당위성 동사 suggest가 나왔지만, 이 문제에서는 that절이 아닌 준동사구가 나왔으므로 당위성 문제로 접근하지 않는다. 동사 suggest는 동명사를 목적어로 취하므로 빈칸에 완료동명사 (a)와 단순동명사 (c)로 정답이 압축된다. 문맥상 동명사의 시제가 주절 동사의 시제와 일치하므로 단순동명사 (c)가 정답이다. 지텔프 문법에서 완료형 준동사나 진행형 준동사가 정답이 되는 경우는 드물다는 것에 유의해야 한다.

어휘 supervisor 관리자, 담당관 newly hired 새로 채용

된 salespeople 영업 사원 field 현장 immediately 즉시 increase 증가시키다 sale 판매 VP(vice president) 부사장 recruit 신입 사원 salesmanship 영업 기술

6. (b)

해석 셸턴 콘도 협회는 최근에 관리 소홀로 인한 안전 문제에 관한 불평들을 많이 받아왔다. 무엇보다, 관리진이 수리를 결정하기 전에 엘리베이터가 3개월 동안 제대로 작동되지 않고 있었다.

해설 보기에 동사 malfunction이 다양한 시제로 나왔으므로 시제 문제이다. 빈칸 앞뒤에 시간 부사구나 부사절을 확인한다. 빈칸 뒤에 완료형과 같이 사용되는 부사구 'for three months'가 있고, 시간 부사절 before절이 있는데 그 절의 시제가 과거이다. 기준 시점을 과거로 하여 그 이전의 상황이 그 과거 시점까지 계속 진행 중임을 나타내므로 과거완료진행 시제가 적절하다. 따라서 (b)가 정답이다.

어휘 association 협회 receive 받다 complaint 불평 safety issue 안전 문제 lately 최근에 due to ~ 때문에 maintenance 관리 among other things 무엇보다도 malfunction 제대로 기능하지 않다 management 관리진

7. (b)

해석 당뇨병을 앓고 있는 사람들은 단 음식을 완전히 피해야 하는 것은 아니다. 키위와 복숭아 같은 많은 종류의 과일들이 있는데, 당뇨병 환자들이 혈당 수치 증가의 위험을 감수하지 않고 먹을 수 있다.

해설 보기에 다양한 조동사가 나왔으므로 조동사 문제이다. 조동사 문제는 문장 해석을 통해 알맞은 의미의 조동사를 골라야 한다. 당뇨병을 앓고 있는 사람들은 단 음식을 완전히 피하지 않아도 된다는 내용이 있고, 뒤 문장은 "키위와 복숭아 같은 많은 종류의 과일은 혈당 수치를 증가시키지 않고 먹을 수 있다."가 가장 자연스러운 해석이다. 보기 중 '~할 수 있다'는 뜻의 가능을 나타내는 조동사 (b)가 정답이다.

오답 분석 (a) must: ~해야 한다 (강한 의무) (c) will: ~할 것이다 (의지, 미래) (d) should: ~해야 한다 (의무, 당연)

어휘 suffer from (고생을) 겪다 diabetes 당뇨병 avoid 피하다 diabetic 당뇨병 환자 treat 별미 음식 altogether 완전히, 전적으로 risk ~의 위험을 무릅쓰다, ~을 감수하다

8. (c)

해석 우리는 학교 가는 길에 성질이 고약한 노인이 사는 집을 지나간다. 우리는 항상 그 괴팍한 남자에게 호통을 당할까 두려워서 그 집에 너무 가까이 가는 것을 피한다.

해설 보기에 동사 get이 준동사 형태로 나왔으므로 준동사 문제이다. 빈칸 앞에 나온 동사 avoid는 동명사를 목적어로

취하므로 보기 중 완료동명사 (b)와 단순동명사 (c)로 정답이 압축된다. 동명사의 시제가 주절 시제와 일치하므로 단순동명사 (c)가 정답이다.

어휘 on one's way to school 학교 가는 길에 pass by 옆을 지나서 가다 bad-tempered 성질이 고약한 avoid 피하다 get close 가까이 다가가다 for fear of ~ing ~할까 두려워서 yell at 소리 지르다 cranky 괴팍한

9. (d)

해석 휘트필드 아주머니는 자신의 정원에 있는 제라늄을 망가뜨린 푸들에 대해 매우 화가 났다. 그녀는 지금 화단에서 망가진 식물을 치우고 있다. 내일, 그녀는 다시 새로운 씨앗을 심을 것이다.

해설 보기에 동사 clear가 다양한 시제로 나왔으므로 시제 문제이다. 빈칸 앞뒤에 시간 부사구나 부사절을 확인한다. 빈칸 뒤에 현재진행 시제와 자주 사용되는 부사 now가 있다. 문맥상 현재 진행 중인 동작을 나타내므로 현재진행 (d)가 정답이다.

오답 분석 (a)는 현재 시제인데, 첫 문장도 현재 시제이므로 (a)를 정답으로 오인할 수 있지만, 영어에서 현재 시제는 습관이나 반복되는 상황을 나타내므로 (a)는 오답이다. 문맥상 푸들이 망가뜨린 꽃들을 휘트필드 부인이 지금 치우고 있는 현재 진행 중인 동작이므로 현재진행 시제가 적합하고 습관적 상황을 나타내는 현재 시제는 적합하지 않다.

어휘 ruin 망가뜨리다 geranium 제라늄 flower bed 화단 clear A of B A에게서 B를 치우다 plant 심다 seed 씨앗

10. (a)

해석 수세기 동안, 우리는 에너지를 위해 해로운 화석 연료에 주로 의존해 왔다. 수소가 연료로 완전히 개발된다면, 우리는 물 속에서 무한한 청정 에너지원을 갖게 될 것이다.

해설 보기에 동사 have가 다양한 시제와 서법조동사와 같이 나왔으므로 시제 문제 아니면 가정법 문제이다. 빈칸 앞에 if절이 있고, 이 절의 시제가 과거 시제이므로 가정법 과거임을 알 수 있다. if절에 were to가 쓰이면 가능성이 희박한 일을 나타내며, 이때 가정법 과거의 주절은 'would+동사원형'이 와야 하므로 (a)가 정답이다. (a)에서 동사 have는 완료조동사로 사용된 것이 아니라 일반동사 '가지다'의 의미로 사용된 것이다.

어휘 rely on ~에 의존하다 harmful 해로운 fossil fuel 화석 연료 hydrogen 수소 limitless 한계가 없는, 무한한

11. (d)

해석 지클론스(Zyklones)는 유럽과 아시아에서 큰 성공을 거두고 있는 펑크록 밴드이다. 하지만 이 밴드에게 진정한 국제적인 명성을 가져다 줄 성과는 미국 음악계에서 성공하는 것이다.

해설 보기에 관계대명사가 이끄는 절이 나왔으므로 관계사 문제이다. 빈칸 앞에서 선행사를 찾고, 관계사절에서 선행사가 무슨 역할을 하는지 확인한다. 선행사는 명사구 'the achievement'이고, 관계사절에서 이 선행사는 주격으로 사용되었다. 선행사가 추상명사(사물)이고 주어 역할을 하므로 (d)가 정답이다.

오답 분석 (a)에서 who는 사람을 선행사로 하는 관계대명사인데 여기서는 선행사가 사물이므로 (a)는 오답이다. (b)에서 what은 선행사를 포함하는 관계대명사인데 여기서는 선행사가 있으므로 (b)는 오답이다. (c)에서 which는 관계사절에서 주어나 목적어 역할을 하는 관계대명사인데 여기서는 관계사절이 완벽한 구조여서 (c)는 오답이다.

어휘 achievement 성취, 성과 international 국제적인 renown 명성 make it 성공하다, 해내다

12. (c)

해석 카밀은 일곱 번째 〈Journey through the Galaxy〉 영화의 시사회를 놓치게 되어 매우 실망하고 있다. 만약 그녀가 야간 근무를 하지 않는다면, 그녀는 오늘 저녁 5시 상영에 갈 수 있을 것이다.

해설 보기에 동사 go가 다양한 시제와 서법조동사와 같이 나왔다. 시제 문제 아니면 가정법 문제이다. 빈칸 앞에 if조건절이 있고 이 절의 시제가 과거 시제이므로 가정법 과거임을 알 수 있다. 가정법 과거의 주절은 'would/should/could/might+동사원형'이 와야 하므로 (c)가 정답이다.

어휘 disappointed 실망한 premiere 초연, 시사회 screening 상영 night shift 야간 근무

13. (a)

해석 베라와 나는 내일 할로윈 파티에 대해 의논할 게 있는데, 나는 지금 장식과 파티 용품을 사러 가야 한다. 그녀는 오후 4시에 들르지만, 그때까지 나는 마시(Marcy)의 파티용품점에서 쇼핑하고 있을 것이다.

해설 보기에 동사 shop이 다양한 시제 형태로 나왔으므로 시제 문제이다. 빈칸 앞뒤에 시간 부사구나 부사절을 확인한다. 빈칸 앞에 미래진행 시제와 자주 쓰이는 부사구 'until then'이 있고, 빈칸 앞 주절에서 본동사는 이동 동사(drop by: 방문하다/들르다)가 미래 시제 대용으로 현재진행으로 쓰였다. 베라가 합류하는 시점인 미래 시점까지 쇼핑을 하고 있을 것이라는 의미이므로 미래진행 (a)가 정답이다.

어휘 discuss 의논하다 decoration 장식 party favor 파티 용품 drop by 들르다 until then 그때까지 supply 용품

14. (b)

해설 이웃과 이야기하는 것을 멈추고 울타리에 페인트 칠을 서둘러서 하길 제안한다. 곧 정오가 될 것이고, 뜨거운 한낮의 태양은 야외에서 일을 하는 것을 견디기 어렵게 만드는 경향이 있다.

해설 보기에 다양한 조동사가 나왔으므로 조동사 문제이다. 조동사 문제는 해석을 통해 적합한 의미의 조동사를 골라야 한다. 빈칸 앞절에서 울타리에 페인트 칠을 서둘러야 한다고 했고 뒤에 오는 절에서는 곧 정오가 될 것이고, 한낮에는 야외에서 일하기가 힘들다고 했다. 곧 낮이 되는 것은 추측이나 가능성이 아니라 이미 정해져 있는 미래이므로 빈칸에 가장 자연스러운 조동사는 단순미래를 나타내는 will이다. 따라서 정답은 (b)이다.

오답 분석 (a) could는 can의 과거로 쓰이거나 확실성이 낮은 가정적 표현에 쓰이므로 오답이다. (c) might는 약한 추측을 나타내는 조동사인데 문맥상 곧 정오가 되는 것은 추측이 아니라 예정된 일이므로 (c)는 오답이다. (d) must는 '~해야 한다'는 의무나 '~임에 틀림없다'는 강한 추측을 나타내므로 오답이다.

어휘 hurry up 서두르다 fence 울타리 neighbor 이웃 noon 정오 midday 한낮 tend to ~하는 경향이 있다 unbearable 참을 수 없는

15. (d)

해설 핵무기를 보유하고자 하는 어떤 나라든 무기 개발에만 신경 써야 할 것이 아니라, 실험 장소도 마련해야 한다. 국가들은 무기의 범위와 유효성을 시험하는 것을 최우선순위로 여겨야 한다.

해설 보기에 동사 test가 준동사 형태로 나왔으므로 준동사 문제이다. 빈칸 앞에 동사 consider는 동명사를 목적어로 취하는 동사이므로 보기 중 완료동명사 (a)나 단순동명사 (d) 중에서 정답을 골라야 한다. 지텔프의 특징 중 하나가 준동사가 주어나 목적어로 사용될 때 완료준동사나 진행준동사는 정답이 되는 경우가 드물다는 사실을 알면 쉽게 정답을 고를 수 있다. 따라서 단순동명사 (d)가 정답이다.

어휘 nuclear weapon 핵무기 be concerned with ~에 관심이 있다, ~에 신경 쓰다 arms 무기 consider ~라고 여기다 weapon's range 무기의 범위 effectiveness 유효성 priority 우선순위

16. (c)

해설 비록 인간이 수백만 마리씩 죽이지만, 모기는 여전히 지구상에서 수적인 측면에서 가장 성공적인 곤충 중 하나이다. 만약 그것들이 그렇게 잘 번식하지 못한다면, 우리는 모기를 더 쉽게 제거할 것이다.

해설 보기에 동사구 'get rid'가 다양한 시제와 서법조동사와 같이 나왔으므로 시제 문제 아니면 가정법 문제이다. 빈칸 앞에 if조건절이 있고 이 절의 시제가 과거 시제이므로 가정법 과거임을 알 수 있다. 가정법 과거의 주절은 'would/should/could/might+동사원형'이 와야 하므로 (c)가 정답이다.

어휘 mosquito 모기 insect 곤충 in terms of ~의 측면에서 reproduce 번식하다 get rid of 제거하다

17. (c)

해설 레이는 아파트 옥상에서 유성우를 보고 있다. 유성우는 몇 시간 동안 지속될 것이고, 새벽 3시에 끝날 때쯤 그는 여섯 시간 동안 거기에 앉아 있을 것이다.

해설 보기에 동사 sit가 다양한 시제로 나왔으므로 시제 문제이다. 빈칸 앞뒤에 시간 부사구나 부사절을 확인한다. 빈칸 앞에 미래시제 대용 시간 부사 'by the time it ends at 3 a.m.'이 나왔고, 뒤에 완료 시제와 같이 나오는 시간 부사구 'for six hours'가 있다. 미래 특정 시점까지 동작이 계속 진행되는 상황을 나타내므로 미래완료진행 (c)가 정답이다.

어휘 meteor shower 유성우 rooftop 옥상 last 지속되다 by the time ~할 때쯤

18. (b)

해설 우리 회사는 또 한 번의 큰 분기 손실을 입었고 얼마 전에 연말 보너스가 크게 줄었다고 발표했다. 비록 우리는 이 소식에 슬펐지만, 그것은 여전히 직장을 잃는 것보다 더 나은 선택이었다.

해설 보기에 다양한 연결어가 나왔으므로 연결어 문제이다. 빈칸 앞뒤 절을 해석하여 이 두 절을 자연스럽게 연결하는 연결어를 골라야 한다. 빈칸 앞의 문장에서 회사는 분기 손실을 입었고 연말 보너스가 줄었다고 했고 빈칸 뒤의 문장에서 비록 소식을 듣고 슬펐지만, 그것은 직장을 잃는 것보다 더 낫다고 했다. 빈칸에 들어갈 접속사가 연결할 두 절의 관계는 양보의 관계이다. 따라서 양보의 접속사 (b)가 정답이다.

오답 분석 (a) Because: ~ 때문에 (c) Unless: ~하지 않는다면 (d) Whenever: ~할 때마다

어휘 suffer (어려움을) 겪다 quarterly loss 분기 손실 announce 발표하다 major decrease 큰 감소 year-end bonus 연말 보너스 sadden 슬프게 하다 option 선택사항

19. (c)

해설 많은 사람들이 기능이 너무 제한적이었기 때문에 애스턴 일렉트로닉스의 새 스마트폰을 사지 않아서 그 모델은 단종되었다. 만약 애스턴 기술자들이 기존의 5G 기술을 사용하여 이 장치를 설계했다면 더 많은 사람들이 그것을 구입했을

것이다.

해설 보기에 동사 buy가 다양한 시제와 서법조동사와 같이 나왔다. 시제 문제 아니면 가정법 문제이다. 빈칸 앞에 if절이 있고, 이때 시제가 과거완료(had designed)이므로 가정법 과거완료임을 알 수 있다. 가정법 과거완료의 주절은 'would/should/could/might＋have＋p.p.'가 와야 하므로 (c)가 정답이다.

어휘 feature 기능, 특징 limited 제한된
be discontinued 단종되다 engineer 기술자 device
장치 existing 기존의 technology 기술

20. (d)

해석 오늘이 첫 출근이기 때문에, 여러분 대부분이 걱정을 하고 있다는 것을 알고 있어요. 주저 말고 저에게 질문하세요. 그것은 여러분이 방금 입사한 이 회사에 정말로 관심이 있다는 것을 보여줄 거예요.

해설 보기에 동사 ask가 준동사 형태로 나왔으므로 준동사 문제이다. 빈칸 앞에 동사 hesitate는 to부정사를 목적어로 취하는 대표적인 동사이다. 보기에서 이 조건을 충족시키는 것은 (a) to have asked와 (d) to ask이다. 지텔프 문법에서는 준동사가 주어나 목적어로 사용될 때 진행준동사와 완료준동사는 정답이 될 가능성이 희박하다. 따라서 단순to부정사인 (d)가 정답이다.

어휘 concern 걱정 hesitate to+동사원형 ∼하기를 주저하다, 망설이다 firm 회사

21. (a)

해석 콜레트는 2개 국어를 할 수 있다는 것을 자랑스럽게 여긴다. 그녀는 모국어로 영어를 말한다. 그와 동시에 어릴 때 아버지에게서 배운 프랑스어도 제2외국어로서 그녀에게 자연스럽게 생각난다.

해설 보기에 다양한 관계사절이 나왔으므로 관계사 문제이다. 빈칸 앞에서 선행사를 찾고, 관계사절에서 선행사가 무슨 역할을 하는지 확인한다. 빈칸 앞에 선행사는 명사 French이고 관계사절에서 동사 learned의 목적어로 사용되었다. 목적격이고 사물을 선행사로 취하므로 관계대명사 which와 that이 정답이 될 수 있다. 그러나 빈칸 앞에 콤마가 있으므로 계속적 용법으로 사용되고 있어서 관계대명사 that은 적절하지 않다. 계속적 용법으로 사용될 수 있는 which가 이끄는 (a)가 정답이다.

어휘 proud 자랑스러워 하는 bilingual 2개 국어를 할 줄 아는 at the same time 동시에 naturally 자연스럽게

22. (b)

해석 차가 너무 막혀서, 체스터는 새 차로 사무실에 도착하는

데 3시간이 걸린다. 그의 상사는 체스터가 이동 시간을 단축하기 위해 지하철을 다시 탈 것을 권유한다.

해설 보기에 동사 resume이 다양한 시제와 동사원형과 같이 나왔으므로 시제 문제 아니면 당위성 문제이다. 빈칸 앞에 당위성을 나타내는 동사 recommend가 있으므로 당위성 문제이다. that절 안에 있는 빈칸에 should가 생략된 동사원형이 적절하므로 (b)가 정답이다.

어휘 due to ∼때문에 heavy traffic 교통 체증
recommend 권유하다, 추천하다 resume 재개하다
shorten 줄이다 travel time 이동 시간

23. (a)

해석 델렉타 푸드(Delecta Foods) 사는 저렴한 재료를 사용하여 제품 가격을 낮췄다. 곧, 고객들은 그 제품의 낮은 품질에 대해 불평하고 있었다. 델렉타 사가 평소처럼 높은 기준을 유지했다면, 그 회사는 그런 난처한 상황을 겪지 않았을 것이다.

해설 보기에 동사 maintain이 다양한 시제와 서법조동사와 같이 나왔고 빈칸 앞에 if조건절에 있으므로 가정법 문제이다. 보통 조건절의 시제를 주고 그 시제에 의해 과거면 가정법 과거, 과거완료이면 가정법 과거완료의 주절의 형태를 묻는 문제가 대부분인데, 이 문제에서는 if절의 시제를 물어보는 문제이다. 즉, 주절을 보고 조건절의 시제를 고르게 만드는 문제이다. 이때 주절에 'would＋have p.p. (wouldn't have suffered)'가 있으므로 가정법 과거완료임을 알 수 있다. 가정법 과거완료는 조건절이 과거완료 시제가 되어야 하므로 (a)가 정답이다.

어휘 bring down (가격을) 내리다 ingredient 재료
complain about ∼에 대해 불평하다 maintain 유지하다
suffer 겪다 embarrassment 난처한 상황

24. (b)

해석 많은 학생들은 자료 조사를 위해 도서관에가는 것보다 검색 엔진을 사용하는 것의 용이함을 선호한다. 하지만, 로라는 새 책의 잉크 냄새를 좋아하기 때문에 여전히 도서관을 선호한다.

해설 보기에 다양한 연결어가 나왔으므로 연결어 문제이다. 빈칸 앞뒤의 문장을 해석하여 두 문장의 의미 관계를 자연스럽게 연결하는 연결어를 골라야 한다. 빈칸 앞의 절에서 로라는 도서관을 선호한다고 했고 빈칸 뒤의 절에서는 새 책의 잉크 냄새를 좋아한다고 했으므로 문맥상 '책의 잉크 냄새를 좋아하기 때문에 도서관을 선호한다'는 의미로 해석된다. 따라서 빈칸에 들어갈 연결어로 이유를 나타내는 접속사 (b)가 정답이다.

오답 분석 (a) even though: ∼임에도 불구하고 (양보)
(c) anytime: 언제든지 (d) so that: ∼하도록, ∼하기 위해 (목적)

어휘 prefer 선호하다 ease 용이함, 쉬움 search engine
검색 엔진 do research 연구하다, 조사하다

25. (c)

해석 우리 사무실은 손님을 받지 않고 방문객도 거의 없다.
그렇기 때문에 경영진은 정장 차림으로 출근할 것을 요구하지
않고 대신에 편한 복장을 하도록 권장하고 있다.

해설 보기에 동사 report가 다양한 시제와 동사원형의 형태
로 나왔고 빈칸 앞에 당위성 동사 require가 있으므로 당위성
문제이다. that절 속 빈칸에는 should가 생략된 동사원형이
적절하다. 따라서 (c)가 정답이다.

어휘 seldom 거의 ~않는 management 경영진
require 요구하다 report to work 출근하다 formal
office attire 정장 차림 encourage 권장하다
comfortable 편안한

26. (d)

해석 애벗 씨는 내일 이사회에서 성공적인 발표를 할 것이라
고 자신하고 있다. 그는 3주째 연설을 연습해 오고 있는데, 그
의 슬라이드쇼 발표는 매우 인상적이다.

해설 보기에 동사 practice가 다양한 시제로 나왔으므로 시
제 문제이다. 빈칸 앞뒤에 시간 부사구나 부사절을 확인한다.
빈칸 뒤에 완료 시제 부사구 'for three weeks'와 현재진행
시제와 자주 쓰이는 부사 now가 나왔다. 과거부터 현재까지
계속 진행 중인 상황을 나타내므로 현재완료진행 (d)가 정답이
다.

어휘 confident 자신감 있는 presentation 발표 board
meeting 이사회 practice 연습하다 impressive 인상적
인

기출 실전테스트 3

1. (b)	2. (d)	3. (c)	4. (c)	5. (a)
6. (b)	7. (a)	8. (d)	9. (a)	10. (b)
11. (c)	12. (d)	13. (c)	14. (a)	15. (d)
16. (b)	17. (d)	18. (b)	19. (d)	20. (b)
21. (a)	22. (b)	23. (c)	24. (a)	25. (c)
26. (a)				

1. (b)

해석 크루거 씨는 중요한 약속을 이행해야 하기 때문에 내일
출근하지 않을 것이다. 아들의 다섯 번째 생일인데 크루거 씨
는 아이를 오션월드에 데려가겠다고 약속했다.

해설 보기에 다양한 조동사가 나왔으므로 조동사 문제이다.
앞뒤 문장을 해석해서 문맥에 맞는 조동사를 찾아야 한다. 앞
에서 중요한 약속 때문에 내일 출근하지 않을 것이며 아들의
다섯 번째 생일이라고 했으므로 문맥상 아들을 오션월드에 데
려가겠다고 약속했다는 내용이 와야 한다. 빈칸 앞의 동사
promise는 미래에 무언가를 하겠다고 약속하는 것이므로 빈
칸에는 의지를 나타내는 조동사 will이 적합하다. 따라서 (b)가
정답이다.

오답 분석 (a) may: ~할지 모른다 (약한 추측), ~해도 된다
(허락) (c) can: ~할 수 있다 (능력, 가능성) (d) should: ~해
야 한다 (당위, 의무)

어휘 fulfill 이행하다 commitment 약속 take A to B
A를 B에 데려가다

2. (d)

해석 많은 휴대폰 모델들은 다양한 고객에게 어필하는 다양
한 기능을 갖추고 있다. 여기에는 날렵한 디자인, 넓은 화면 및
특별한 응용 프로그램이 포함된다. 애비가 휴대폰에서 찾고 있
는 기능은 고해상도 카메라이다.

해설 보기에 관계사절이 이끄는 문장이 나왔으므로 관계사
문제이다. 빈칸 앞에 선행사를 찾고, 그 선행사가 관계사절에
서 어떤 역할을 하는지 찾아야 한다. 선행사는 명사 'The
feature'이고, 관계사절에서 동사구 'is looking for'의 목적어
역할을 한다. 즉, 선행사가 사물이고 목적격인 관계대명사가
와야 하므로 (d)가 정답이다.

오답 분석 (a)에서 what은 선행사를 포함하는 관계대명사인데
여기서는 선행사가 있으므로 (a)는 오답이다. (b)에서 which
는 사물 선행사를 취하고 주격이나 목적격으로 쓰이는 관계대
명사이지만, 이 관계사절에서는 주어(Abby)와 목적어(it)가 모

두 나와 있는 완벽한 구조여서 관계대명사 which의 역할이 없으므로 (b)는 오답이다. (c)에서 who는 선행사로 사람을 취하는 관계대명사인데 여기서는 선행사(the feature)가 사물이므로 (c)는 오답이다.

어휘 feature 특징, 특징적 기능 appeal to ~에 어필하다 customer 고객 include 포함하다 sleek 날렵한 application 응용 프로그램 high-resolution 고해상도

3. (c)

해석 클라리스는 해부학 기말시험 성적이 너무 안 좋아서 수업에 낙제했을지도 모른다. 다행히도, 그녀의 교수는 그녀가 실점을 만회하기 위해 추가 점수를 위한 서면 보고서만 제출하도록 요구한다.

해설 보기에 동사 submit이 다양한 시제와 동사원형으로 나왔고 빈칸 앞에 당위성 동사 require가 나왔으므로 당위성 문제이다. that절에서 should가 생략된 동사원형이 빈칸에 적절하므로 (c)가 정답이다.

어휘 perform 수행하다, 성적을 내다 anatomy 해부학 fail 낙제하다 fortunately 다행히도 require 요구하다 submit 제출하다 extra credit 추가 점수 make up 보완하다, 만회하다

4. (c)

해석 파멜라가 꿈꾸던 휴가가 마침내 실현될 날이 머지않을 것이다. 그녀는 취리히에서 한 달 간의 휴가를 보내기 위해 지난 2년 동안 저축을 해왔다. 올 여름, 그녀는 스위스 수도로 일등석 비행기를 타고 갈 것이다.

해설 보기에 동사 save가 다양한 시제로 나왔으므로 시제 문제이다. 빈칸 앞뒤에 시간 부사구나 부사절을 확인한다. 빈칸 뒤에 완료 시제에 자주 쓰이는 시간 부사 'for the past two years'가 나왔고 과거부터 지금까지 계속되는 상황을 나타내므로 현재완료진행 시제 (c)가 정답이다.

어휘 vacation 휴가 reality 현실 fly to 비행기로 ~에 가다 capital 수도

5. (a)

해석 리사는 급히 사무실로 가느라, 오늘 아침 부엌 식탁에 중요한 폴더를 놓고 갔다. 이제, 그녀는 직장에 늦게 도착할 위험을 무릅쓰고, 그것을 가지러 차를 몰고 집에 돌아가야 한다.

해설 보기에 동사 drive가 준동사 형태로 나왔으므로 준동사 문제로 생각하기 쉽지만 빈칸 앞의 동사 has는 준동사 유형 동사가 아니므로 앞뒤 문장을 해석하여 빈칸에 알맞은 용법을 찾아야 한다. 문맥상 급히 사무실로 가느라 부엌 식탁에 중요한 폴더를 놓고 갔고 그것을 가지러 집에 돌아가야 한다는 뜻이므로, '~해야 한다'의 준조동사구 'has to'가 적절하다. 따라

서 (a)가 정답이다.

어휘 in one's rush 급하게, 서둘러 folder 폴더 fetch 가지러 오다 with the risk of ~의 위험을 무릅쓰고

6. (b)

해석 카페 베르사틸의 손님들은 항상 다양한 메뉴 선택에 만족하고 있다. 일반적인 스페인 요리 외에도, 그들은 유럽의 다른 지역 요리도 주문할 수 있다.

해설 보기에 다양한 조동사가 나왔으므로 조동사 문제이다. 빈칸 앞뒤의 문장을 해석하여 문맥에 맞는 조동사를 찾아야 한다. 앞에서 이 카페의 손님들은 다양한 메뉴 선택에 만족한다고 했고 빈칸 바로 앞에 '일반적인 스페인 요리 외에도'라는 표현이 있으므로 빈칸을 포함한 절은 '그들은 유럽의 다른 지역 음식도 주문할 수 있다.'가 문맥상 적절한 해석이다. 따라서 빈칸에 '~할 수 있다'의 가능을 나타내는 조동사 (b)가 정답이다.

오답 분석 (a) should: 해야 한다 (당위, 의무) (c) will: ~할 것이다 (의지) (d) would: ~하곤 했다(과거의 습관), ~하려고 했다(과거의 의지, 주장)

어휘 be satisfied with ~에 만족하다 wide variety of 다양한 aside from ~외에도 cuisine 요리

7. (a)

해석 이본느는 친구들 사이에서 문제를 가장 잘 의논할 수 있는 사람으로 알려져 있다. 그녀는 친구들이 그들의 걱정에 대해 자세히 이야기하는 것을 들어 주는 것을 꺼리지 않고, 항상 공정한 조언을 하려고 노력한다.

해설 보기에 동사 listen이 준동사 형태로 나왔으므로 준동사 문제이다. 빈칸 앞의 동사가 어떤 유형의 준동사를 취하는지 확인한다. 빈칸 앞에 동사 mind는 동명사를 목적어로 취하는 동사이므로 (a)가 정답이다.

오답 분석 (c)에서 완료동명사 'having p.p.'는 주절의 시제보다 앞서는 일을 나타낼 때 사용되는데, 여기서는 주절의 시제가 현재(doesn't mind)이고 동명사의 시제도 현재의 일이므로 완료동명사를 사용하는 것이 적절하지 않아서 오답이다. 지텔프 문법 문제에서 준동사가 주어나 목적어로 사용될 때, 완료형 준동사나 진행형 준동사는 정답이 되지 않는 경향이 있으니 유의해야 한다.

어휘 discuss 의논하다 mind+동명사 ~하는 것을 꺼리다 in detail 구체적으로 concern 걱정, 고민 offer 제공하다 fair 공정한

8. (d)

해석 우리 회사 사장은 시장에서 실패한 형편없는 디자인 제품의 출시를 승인한 데 대해 책임을 통감했다. 그녀가 연구 개

발에 더 많이 투자했다면, 그 제품이 성공할 가능성이 더 높았을 것이다.

해설 보기에 동사 have가 다양한 조동사와 시제로 나왔으므로 시제 문제 혹은 가정법 문제이다. 빈칸 앞에 if조건절이 있고, 시제가 과거완료이므로 가정법 과거완료이다. 가정법 과거완료의 주절은 'would/should/could/might + have p.p.'가 와야 하므로 (d)가 정답이다.

어휘 responsible for ~에 대해 책임이 있는 approve 승인하다 release 출시 poorly-designed 형편없는 디자인의 invest in ~에 투자하다 R&D (Research and Development) 연구 개발

9. (a)

해석 현탁제는 같이 잘 섞이지 않는 액체와 고체를 포함하고 있다. 그렇기 때문에 사용 전에 먼저 흔드는 것이 권장된다. 그렇지 않으면, 고체 성분이 병 바닥에 가라앉을 것이다.

해설 보기에 동사 shake가 다양한 시제로 나오고 동사원형 형태가 있으므로 시제 문제 아니면 당위성 문제이다. 빈칸 앞뒤에 시간 부사구나 부사절 아니면 당위성 동사나 이성적 판단 형용사가 있는지 확인한다. 빈칸 앞에 대표적인 당위성 동사 recommend가 있으므로 당위성 문제이다. that절에서 should가 생략된 동사원형이 빈칸에 적절하므로 (a)가 정답이다.

어휘 suspension medicine 현탁제 contain 포함하다 liquid 액체 solid 고체, 고형물 recommend 추천하다, 권장하다 otherwise 그렇지 않으면 ingredient 재료 settle 가라앉다

10. (b)

해석 레이크빌 하이츠 주택 소유자 협회 회장이 자금을 유용했다는 사실이 입증되었다. 협회의 일부 회원들은 유죄 판결을 받은 회장이 교체되어야 한다고 지금 청원하고 있다.

해설 보기에 동사 petition이 다양한 시제로 사용되었으므로 시제 문제이다. 빈칸 앞뒤에 시간 부사 표현을 확인한다. 보기에 현재진행 시제와 자주 사용되는 부사 now가 있다. 이 문제처럼 지텔프 문법의 시제 문제에서는 시간 부사어구가 힌트로 제시되는 경우가 많으니 어떤 시간 부사어구가 쓰였는지 꼭 살펴야 한다. 여기서는 현재 진행되는 상황을 나타내므로 현재진행 시제 (b)가 정답이다.

오답 분석 (a)에서 현재 시제는 습관이나 반복되는 동작을 나타내므로 '늘 청원한다'는 의미가 되어 문맥상 적절하지 않아서 오답이다. (c)에서 now는 과거완료 시제와 함께 사용되지 않으므로 오답이다. (d)에서 now는 과거 시제와 사용되지 않으므로 오답이다

어휘 association 협회 prove 입증하다 misuse 유용하

다 petition 청원하다 guilty 유죄의, 유죄 판결을 받은 be replaced 교체되다

11. (c)

해석 댄은 새 차의 색상을 고르는 데 어려움을 겪고 있다. 캘리포니아의 화창한 기후에 이상적인 색깔인 베이지와 흰색이 그의 실용적인 선택일 것이다. 하지만, 그는 짙은 파란색과 검은색 차가 우아하다고 생각한다.

해설 보기에 다양한 관계사가 이끄는 절이 나왔으므로 관계사 문제이다. 빈칸 앞에 선행사를 찾고, 그 선행사가 관계사절에서 무슨 역할을 하는지 확인한다. 선행사는 명사구 'Beige and white'이고, 관계사절에서 주어 역할을 하며, 빈칸 앞에 콤마(,)가 있어서 관계대명사의 계속적 용법이다. 사물 선행사와 계속적 용법의 주격 관계대명사는 which이므로 (c)가 정답이다.

오답 분석 (a)에서 what은 선행사를 포함하는 관계대명사인데 여기서는 선행사가 있으므로 오답이다. (b)에서 that은 사물 선행사를 받고 주격 역할을 할 수 있는 관계대명사이지만, 계속적 용법으로는 쓰이지 않으므로 오답이다. (d)에서 who는 사람 선행사를 취하는 관계대명사인데, 여기서는 선행사가 사물이므로 오답이다.

어휘 have difficulty ~ing ~하느라 어려움을 겪다 climate 기후 practical 실용적인 choice 선택 elegant 우아한

12. (d)

해석 적은 예산으로 인해 그리니스트 어스(Greenest Earth, Inc.) 사는 유출된 기름을 치우기 위한 새로운 특허 판매를 고려하고 있다. 만약 그 회사가 이 기술을 개발할 충분한 자금을 확보한다면, 수백만 달러의 이익을 얻을 수 있을 것이다.

해설 보기에 동사 make가 다양한 시제와 조동사와 같이 나왔으므로 시제 문제 아니면 가정법 문제이다. 빈칸 앞에 if조건절이 있고, 과거 시제이므로 가정법 과거이다. if절에 were to가 쓰이면 가정법 과거의 주절은 'would + 동사원형'이 와야 하므로 (d)가 정답이다.

어휘 due to ~ 때문에 budget 예산 considering ~ing ~하는 것을 고려하다 patent 특허 oil spill 기름 유출 profit 이익

13. (c)

해석 어젯밤, 몸 상태가 안 좋았던 제임스가 자신의 고등학교 야구팀 단일 선수 최다 득점 기록을 깼다. 만약 그가 경기에 결장했다면, 그는 거의 10년 동안 지속되었던 기록을 깨지 못했을 것이다.

해설 보기에 동사 break가 다양한 시제와 조동사와 같이 나

왔으므로 시제 문제 아니면 가정법 문제이다. 빈칸 앞에 if절이 있고, 과거완료 시제이므로 가정법 과거완료이다. 가정법 과거완료의 주절에는 'would/should/could/might+have p.p.'가 와야 하므로 (c)가 정답이다.

어휘 under-the-weather 몸 상태가 안 좋은 break record for ~의 기록을 깨다 most runs 최다 득점 sit out the game 경기에 결장하다

14. (a)

해석 마침내 웨스트 팜 비치 주민들은 또 다른 대규모 홍수를 걱정할 이유가 없었다. 지난 목요일에 결국 해가 비칠 때까지 일주일 동안 비가 계속 내리고 있었다.

해설 보기에 동사 rain이 다양한 시제로 나왔으므로 시제 문제이다. 빈칸 앞뒤에 시간 부사구나 부사절을 확인한다. 빈칸 뒤에 완료 시제 부사구 'for a week'과 진행 시제 부사 continuously가 나왔고, 기준 시점은 "until the sun finally came out last Thursday"에서 알 수 있듯이 해가 나온 과거이다. 과거 이전부터 시작된 상황이 과거의 특정 시점까지 계속 진행되고 있었던 상황을 나타내므로 과거완료진행 시제 (a)가 정답이다.

어휘 resident 주민 worry about ~에 대해 걱정하다 massive flood 대규모 홍수 after all 마침내, 결국 continuously 계속, 끊임없이

15. (d)

해석 많은 사람들은 나뭇가지가 걷잡을 수 없이 자라지 않도록 매년 나무를 가지치기한다. 식물가들은 봄철에 그것들이 가을보다는 활발하게 자라는 동안 큰 가지와 가지들을 다듬는 것을 조언한다.

해설 보기에 동사 trim이 준동사 형태로 나왔으므로 준동사 문제이다. 빈칸 앞에 동사의 유형을 확인한다. 빈칸 앞 동사 advise는 동명사를 목적어로 취하는 동사이므로 (d)가 정답이다.

어휘 prune 가지치기하다 keep A from B A가 B하는 것을 막다 out of control 조절할 수 없이 arborist 식목가 advise 조언하다 trim 다듬다 limb 큰 가지 branch 가지

16. (b)

해석 작가들은 종종 자신의 새로 완성된 작품에 오류가 없다고 과신한다. 그러나 자주 눈에 띄지 않고 넘어간 것은 잘못 배치된 쉼표와 같은 그런 작은 오자들이다. 가능한 한 여러 번 원고를 교정하는 것이 좋다.

해설 보기에 동사 proofread가 준동사 형태로 나왔으므로 준동사 문제이다. 빈칸 앞 동사 유형을 확인한다. 빈칸 앞 동사는 is이고 주어가 가주어 it이므로 진주어가 필요하다. 진주어

로는 보통 to부정사가 쓰이며, 주절 시제와 동일한 시제를 나타내므로 단순to부정사가 적합하다. 따라서 (b)가 정답이다.

어휘 overconfident 과신하는 error-free 오류가 없는 typo 오자 misplaced 잘못 배치된 go unnoticed 눈에 띄지 않고 넘어가다 proofread 교정하다 manuscript 원고

17. (d)

해석 런던에 있는 저희 사무실을 이끌어 달라는 제안을 왜 받아들이지 않으세요? 가족을 떠나는 게 걱정되세요? 제가 당신이라면 지금 그 일자리를 수락하고 나중에 가족들이 따라오게 할 거예요.

해설 보기에 동사 accept가 다양한 시제와 조동사와 같이 나왔으므로 시제 문제 아니면 가정법 문제이다. 빈칸 앞에 if절이 있고, 과거 시제이므로 가정법 과거임을 알 수 있다. 가정법 과거의 주절은 'would/should/could/might + 동사원형'이 와야 하므로 (d)가 정답이다.

어휘 take the offer 제안을 받아들이다 head (조직을) 이끌다, 책임지다 accept 받아들이다, 수락하다

18. (b)

해석 당신이 토요일에만 방문하실 수 있다니 아쉽네요. 저희는 이번 주말에 이미 자연 여행이 계획되어 있어요. 저희와 함께 하고 싶으시다면 저희는 골든 썬 공원에 있는 오두막에 머물고 있을 거예요.

해설 보기에 동사 stay가 다양한 시제와 조동사와 같이 나왔으므로 시제 문제 아니면 가정법 문제이다. 빈칸 앞에 if절이 있지만 현재 시제이므로 가정법 문제가 아니라 시제 문제이다. 조건이나 시간 부사절에서는 현재 시제가 쓰여 미래의 의미를 나타내므로 주절은 미래나 미래진행 시제가 적합하다. 따라서 (b)가 정답이다.

어휘 already 이미 nature trip 자연 여행 stay 머물다 cabin 오두막

19. (d)

해석 우리는 주어진 영화를 제시간에 끝내려면 두 그룹으로 나눠야 한다. 다른 그룹이 연기자와 장소를 섭외하러 다니는 동안, 한 그룹은 줄거리와 장비를 다룰 것이다.

해설 보기에 다양한 연결어가 나왔으므로 연결어 문제이다. 빈칸 앞뒤의 문장을 해석하여 두 관계를 연결하는 알맞은 연결어를 찾아야 한다. 앞에서 두 그룹으로 나누어 한 그룹은 줄거리와 장비를 다룰 것이라고 했으므로 빈칸 뒤의 문장은 "다른 그룹이 연기자와 장소를 찾으러 다닐 동안"으로 연결되는 것이 자연스럽다. '~하는 한편, ~하는 동안'의 의미로 연결하는 접속사 while이 적합하므로 (d)가 정답이다.

(a) unless: ~하지 않는다면 (b) hence: 그러므로 (c) after: ~한 후에

assigned 배당된, 할당된 on time 제 시간에 equipment 장비 scout for ~을 섭외하러 다니다 talent 재능 있는 사람, 연기자 location 장소

20. (b)

피어스는 백만 달러짜리 거래를 성사시키고 싶어 했지만 독감에 걸려 어제 약속을 놓쳤다. 만약 그가 그렇게 끔찍하고 아파 보이지 않았다면, 그는 거래를 성사시키기 위해 고객을 만났을 것이다.

보기에 동사 meet이 다양한 시제와 조동사와 같이 나왔으므로 시제 문제 아니면 가정법 문제이다. 빈칸 앞에 if조건절이 있고, 과거완료 시제이므로 가정법 과거완료임을 알 수 있다. 가정법 과거완료의 주절에는 'would/should/could/ might + have p.p.'가 와야 하므로 (b)가 정답이다.

be eager to+동사원형 ~하고 싶어하다 close a deal 거래를 성사시키다 come down with the flu 독감에 걸리다 appointment 약속 awful 끔찍한

21. (a)

전 세계적으로 인기를 끌고 있는 몇몇 유행들은 재미있을 수 있지만 위험할 수 있다. 예를 들어, 플랭크(planking)는 높고 좁은 공간에 엎드려 있는 것을 포함하는데, 때때로 사고와 심지어 사망으로 이어지기도 한다.

보기에 동사 lie가 준동사 형태로 나왔으므로 준동사 문제이다. 빈칸 앞에 동사가 어떤 유형의 목적어를 취하는 동사인지 확인한다. 빈칸 앞 동사 involve는 동명사를 목적어로 취하는 동사이므로 (a)가 정답이다.

fad 유행 involve 포함하다 lie face-down 엎드리다 narrow 좁은 lead to accidents 사고로 이어지다

22. (b)

말론은 물리학 기말고사를 위해 매우 열심히 공부하느라 그 밖의 다른 것을 할 시간이 거의 없었다. 내일 이맘때쯤, 그는 5일 동안 연속으로 개념 물리학을 읽고 있을 것이다!

보기에 동사 read가 다양한 시제로 나왔으므로 시제 문제이다. 빈칸 앞뒤에 시간 부사구나 부사절을 확인한다. 빈칸 앞에 미래 시제 부사구 'by the time tomorrow'가 있고, 빈칸 뒤에 완료 시제 부사구 'for five days'가 나왔으므로 미래완료진행 시제가 적합하다. 따라서 (b)가 정답이다.

intensely 강렬하게, 열심히 physics 물리학 barely 거의 ~않다 conceptual physics 개념 물리학 straight 연속으로

23. (c)

브리지트와 타냐는 바쁜 업무 일정 때문에 요즘 운동할 시간이 충분하지 않다. 8번가에 있는 그들의 사무실이 그들의 아파트에서 그렇게 멀지 않다면, 그들은 매일 걸어서 출근할 것이다.

보기에 동사 walk가 다양한 시제와 조동사와 같이 나왔으므로 시제 문제 아니면 가정법 문제이다. 빈칸 앞에 if조건절이 있고, 과거 시제이므로 가정법 과거임을 알 수 있다. 가정법 과거의 주절은 'would/should/could/might+동사원형'이 와야 하므로 (c)가 정답이다.

lately 최근에 hectic 바쁜 work schedule 업무 일정 avenue 거리

24. (a)

고고학자들은 방치된 마야 유적지에서 어떤 유물도 발견할 것이라고 기대하지 않았다. 하지만 주목할 만한 옥 예술품과 보석을 발견한 후, 수석 고고학자는 이제 그들이 그 옛 유적지를 더 철저히 수색해야 한다고 주장하고 있다.

보기에 동사 search가 다양한 시제와 동사원형으로 나왔다. 시제 문제 아니면 당위성 문제이다. 빈칸 앞에 당위성의 대표 동사인 insist(주장하다)가 나왔으므로 당위성 문제이다. that절 안에서 should가 생략된 동사원형이 빈칸에 적합하므로 (a)가 정답이다.

archeologist 고고학자 uncover 발견하다 relic 유물 neglected 방치된, 소홀히 된 Mayan site 마야 유적지 remarkable 주목할 만한 jade artwork 옥 예술품 jewelry 보석 insist 주장하다 search 수색하다 thoroughly 철저하게

25. (c)

그렉은 이사회 발표에서 열정이 부족해 보이는 것에 대해 걱정했다. CEO가 자리에서 벌떡 일어나 잘 해낸 것에 대해 그를 축하했을 때 그는 실망한 채 연설을 끝내고 있었다.

보기에 동사 end가 다양한 시제로 나왔으므로 시제 문제이다. 빈칸 앞뒤에 시간 부사구나 부사절을 확인한다. 빈칸 뒤에 과거진행 시제에 자주 나오는 부사절인 'when 과거 시제절'이 나왔고 문맥상 CEO가 일어나 축하했을 때 그렉은 연설을 마무리하고 있었다는 해석이 자연스럽다. 따라서 빈칸에 과거진행 시제가 적합하므로 (c)가 정답이다.

(b) 과거 시제는 과거의 일회성 행동만 나타내는데, 여기서는 연설을 마치자 곧바로 CEO가 칭찬과 축하를 보내는 행동으로 연속된다. 과거의 행동이 일회성으로 끝나는 것이 아니라 연속성과 지속성을 나타낼 때, 과거 시제는 적합하지 않으므로 (b)는 오답이다.

be worried about ~에 대해 걱정하다

enthusiasm 열정 board presentation 이사회 발표
disappointed 실망한 congratulate A on B B에 대해 A
를 축하하다

26. (a)

해석 석탄기 동안, 공기는 오늘날보다 50퍼센트 더 많은 성
장을 촉진하는 산소를 가지고 있었다. 산소 잉여량 때문에 곤
충들은 새 크기의 잠자리와 3미터 길이의 노래기와 같이 거대
한 크기로 자랐다.

해설 보기에 다양한 연결어가 나왔으므로 연결어 문제이다.
빈칸 앞뒤의 문장을 해석하여 빈칸 앞뒤 문장을 자연스럽게
이어주는 연결어를 찾아야 한다. 앞에서 "석탄기 동안, 공기는
오늘날보다 50퍼센트 더 많은 산소를 가지고 있었다"라고 했
고 빈칸 뒤 문장은 "산소 잉여량 때문에 곤충들은 거대한 크기
로 자랐다."로 해석되므로 빈칸에 들어갈 연결어는 원인을 나
타내는 (a)이다.

오답 분석 (b) In spite of: ～에도 불구하고 (c) In case of: ～
인 경우에 (d) Instead of: ～ 대신에

어휘 Carboniferous period 석탄기 growth-
promoting 성장을 촉진시키는 oxygen 산소 surplus 잉
여분 gigantic 거대한 bird-sized 새 크기의 dragonfly
잠자리 three-meter-long 3미터 길이의 millipede 노래기

interchange
5th Edition

학습용 Audio와 Video 무료 제공
www.cambridge.org/interchange

Jack C. Richards with Jonathan Hull and Susan Proctor

Beginner to Intermediate　4 Levels*　90–120 teaching hours

영어회화를 원하는 5천만 명 이상의 학생들이 Interchange를 선택했습니다.

A1 A2 B1 B1+

Key features

- Student's Book에는 통합 학습을 위한 수백 개의 연습 문제가 포함되어 있습니다.
- Grammar PLUS는 각 단원의 문법을 더 깊이 있게 학습 하고 연습할 수 있도록 구성되어 있습니다.
- Listening은 학생들이 자신의 생각과 감정을 끌어낼 수 있도록 도와줍니다.
- Reading은 주제, 세부 정보, 추론 문제와 함께 다양한 최신 주제를 학습할 수 있는 기회를 제공합니다.
- Speaking은 말하기와 듣기 연습을 할 수 있게 하며, 일상생활 에서 사용되는 주제로 구성되어 학습자에게 도움을 줍니다.

Cambridge One!

- Interchange Fifth edition의 학습 환경이 Cambridge One 으로 새롭게 업그레이드 되었습니다. 언제 어디서나 스마트 폰, 태블릿, PC 등 모든 디바이스를 사용하여 쉽고 간편하게 학습이 가능합니다.

Student Digital Pack includes:

- eBook with Audio
- Digital Workbook
- Video Program
- Class Audio

Digital Workbook

- 모바일 환경에 최적화된 연습문제를 제 공하여 쉽고 간편하게 테스트 프로그램 을 활용할 수 있습니다.
- Digital Pack 에 적용

eBook

- Student's Book과 ebook을 동시에 제 공하여 온라인, 오프라인 환경 어디에 서나 스스로 학습할 수 있게 최적화되 어 있습니다.

The digital resources

Powered by
Cambridge One

Presentation
Plus

eBook
with Audio

Digital
Workbook

APP
Classroom App

Downloadable
Audio

Video

Online
Placement Test

Teacher Training
cambridge.org/training

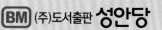
BM (주)도서출판 **성안당**

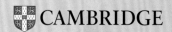
CAMBRIDGE

도서문의 031-950-6394

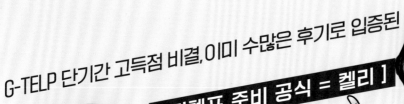

<EVOLVE> 시리즈

9781009231763
A1

9781009231794
A2

9781009231824
B1

9781009237550
B1+

9781009235518
B2

9781009237581
C1

<UNLOCK> 시리즈

▌Listening & Speaking

9781009031455
A1

9781009031462
A2

9781009031479
B1

9781009031486
B2

9781009031493
C1

▌Reading & Writing

9781009031387
A1

9781009031394
A2

9781009031400
B1

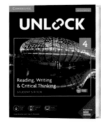
9781009031417
B2

9781009031448
C1

BM (주)도서출판 성안당 | CAMBRIDGE | 도서문의 031-950-6394

9781009285971
A1

9781009286336
A2

9781009286534
B1

9781009286596
B1+

9781009251327
A1

9781009251631
A2

9781009251792
B1

9781009251860
B2

9781009251938
C1

BM (주)도서출판 성안당 | CAMBRIDGE | 도서문의 031-950-6394